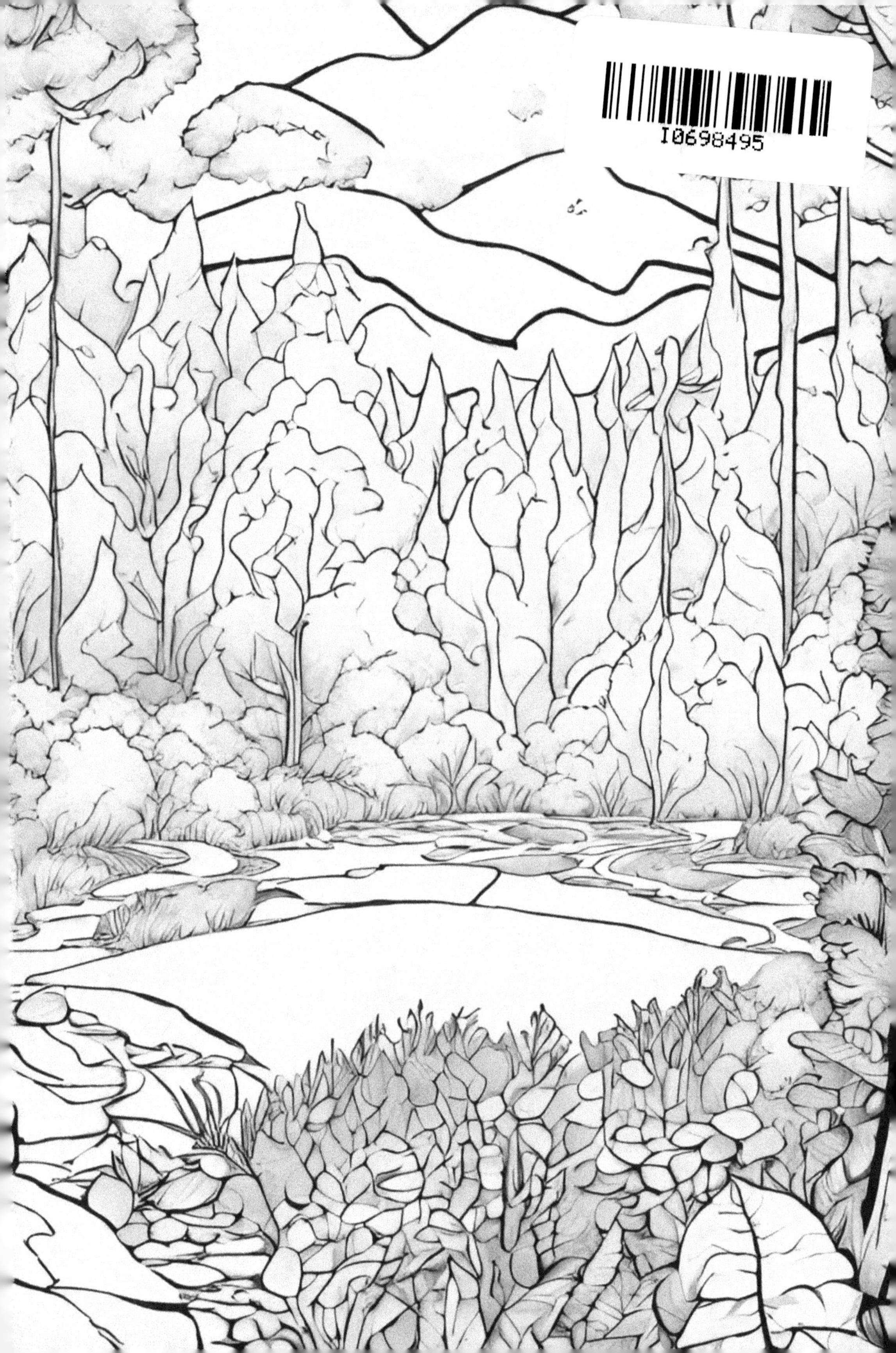
I0698495

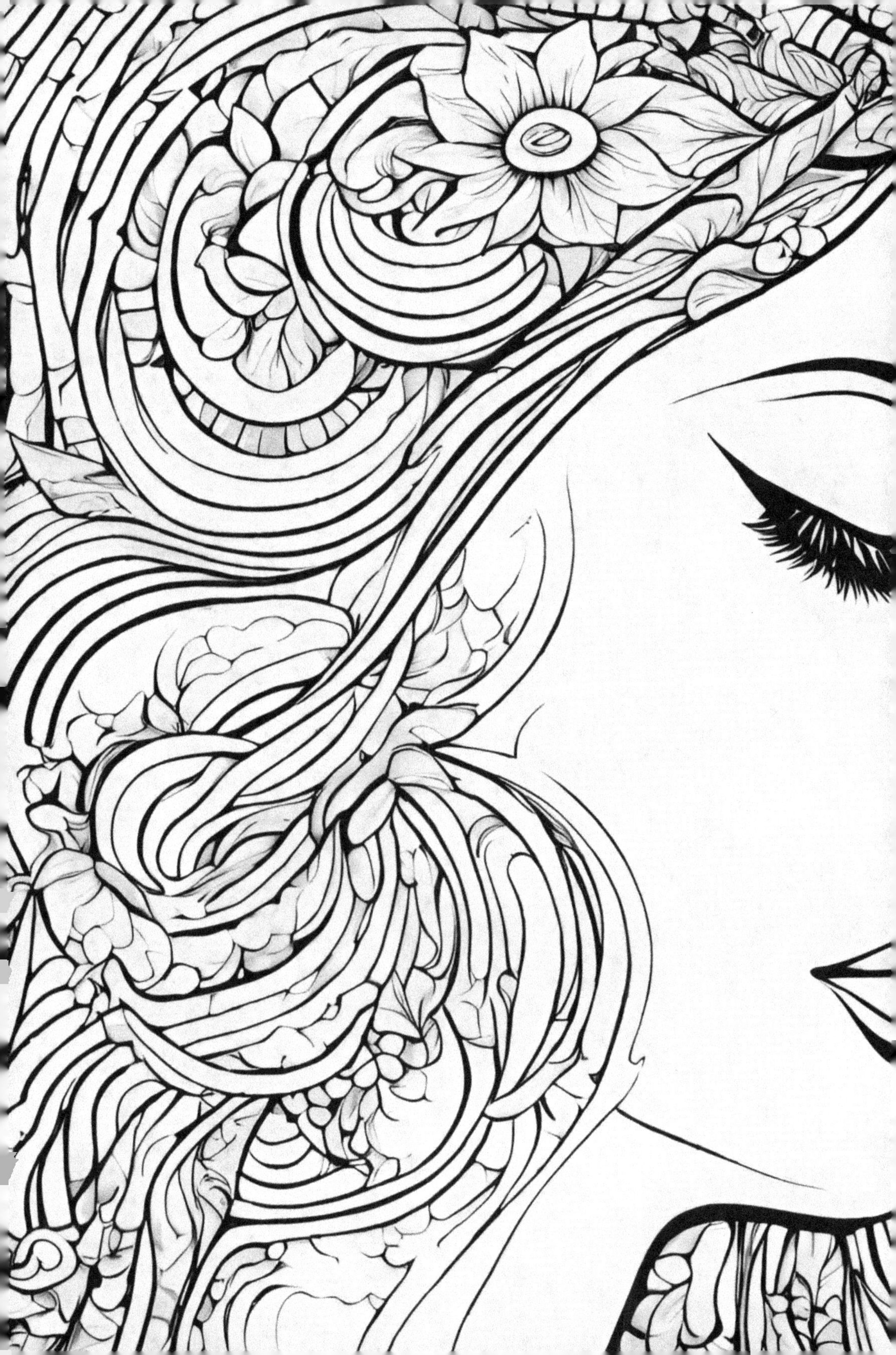

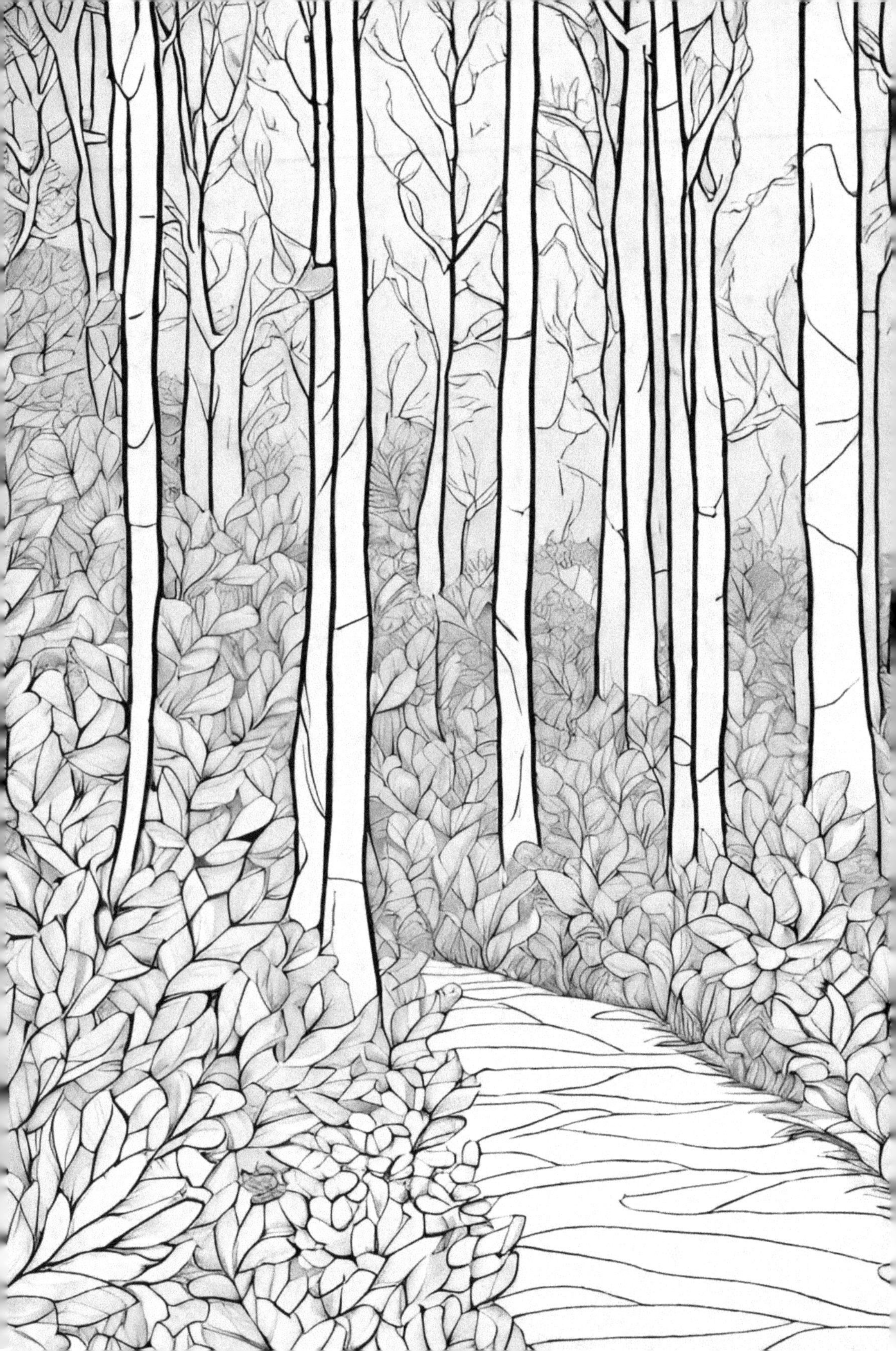

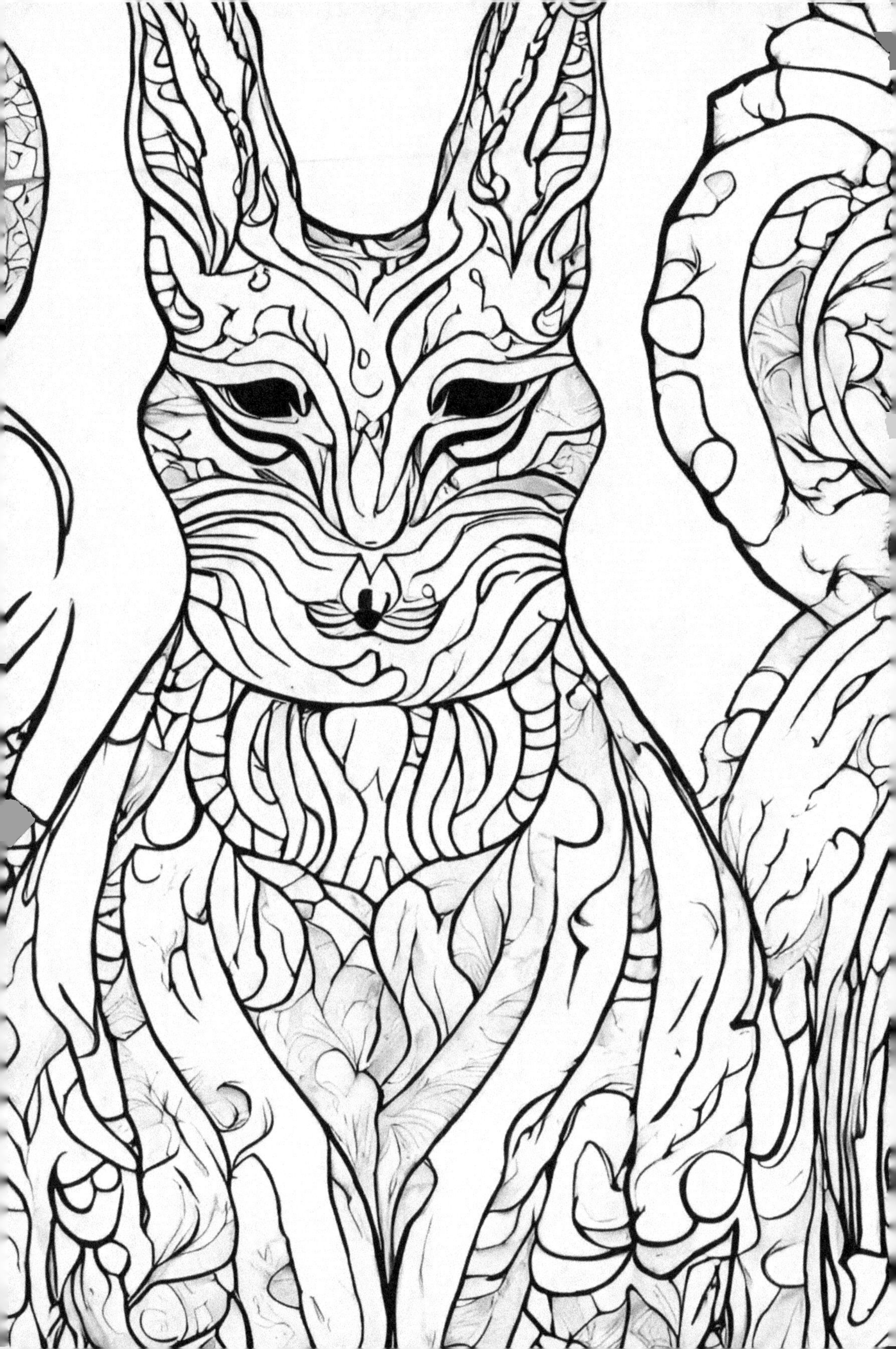

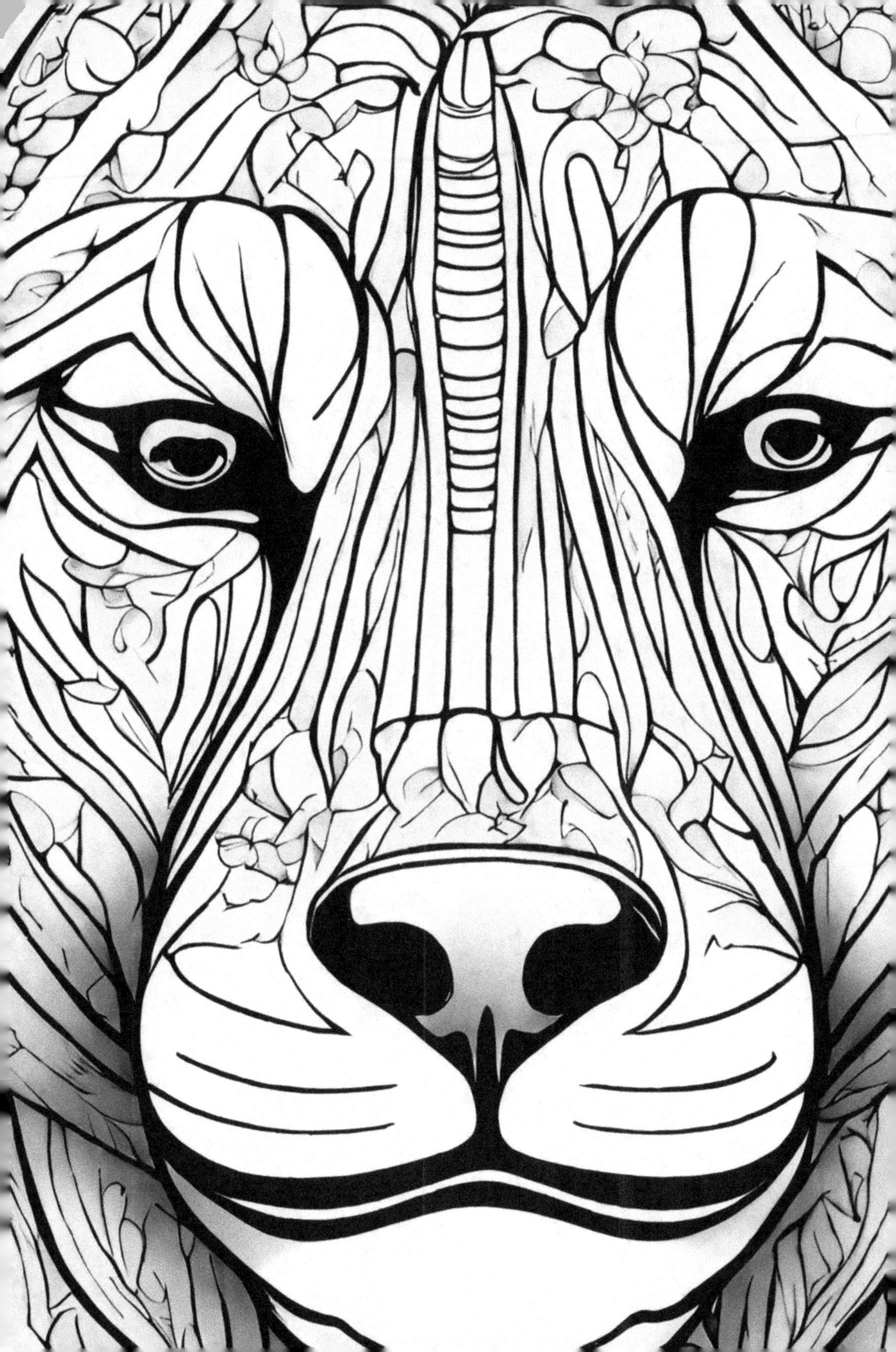

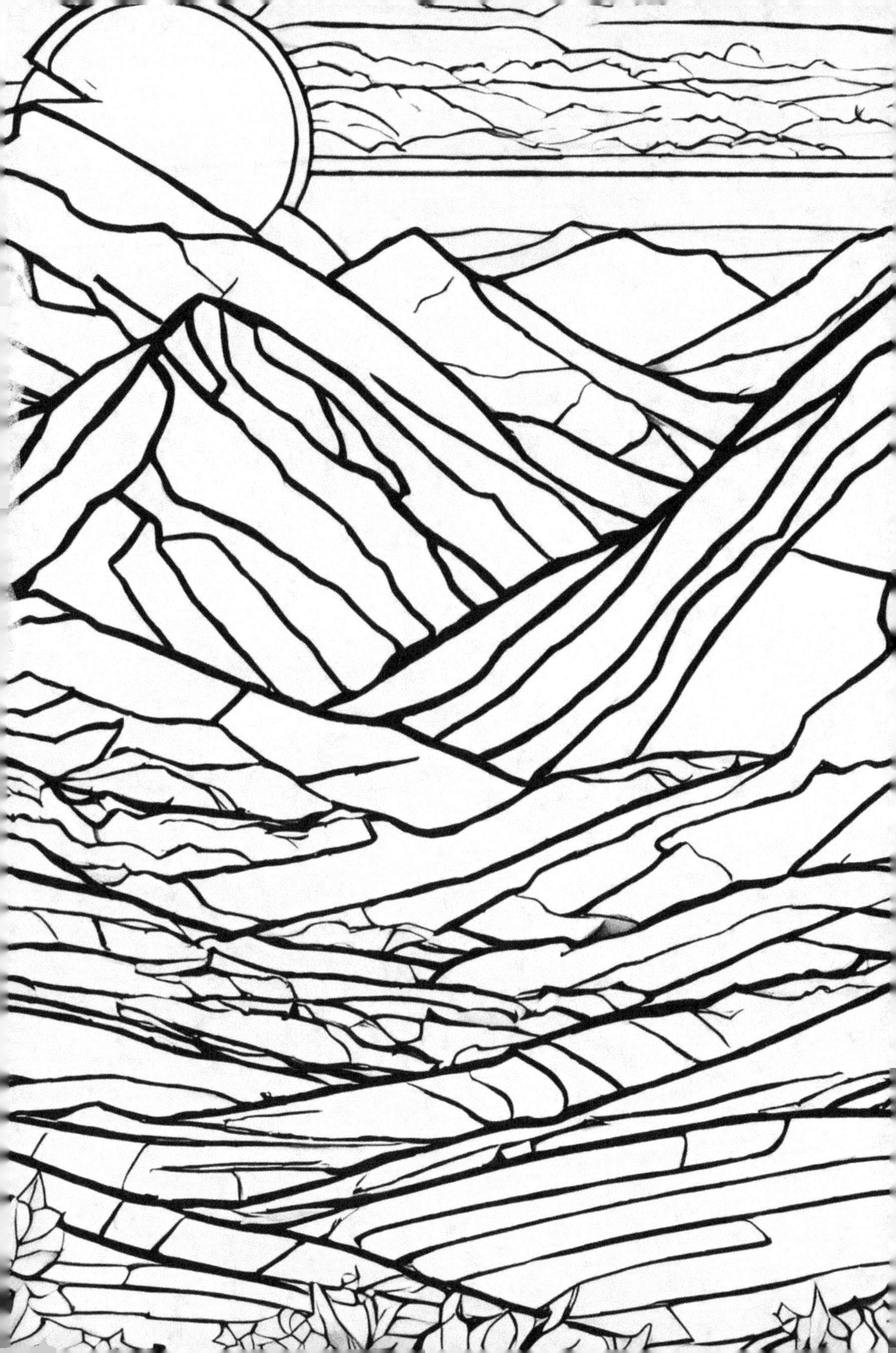

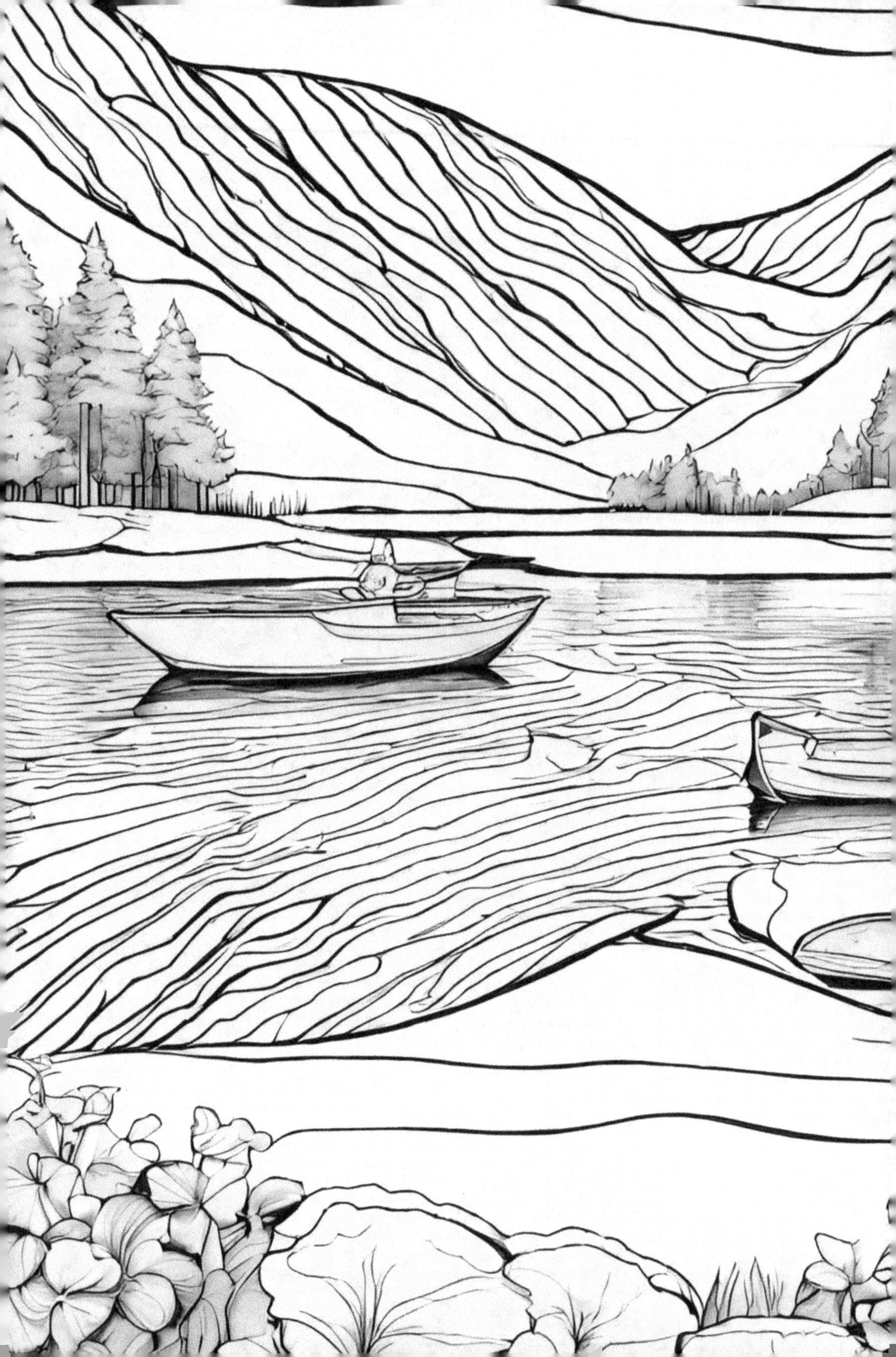

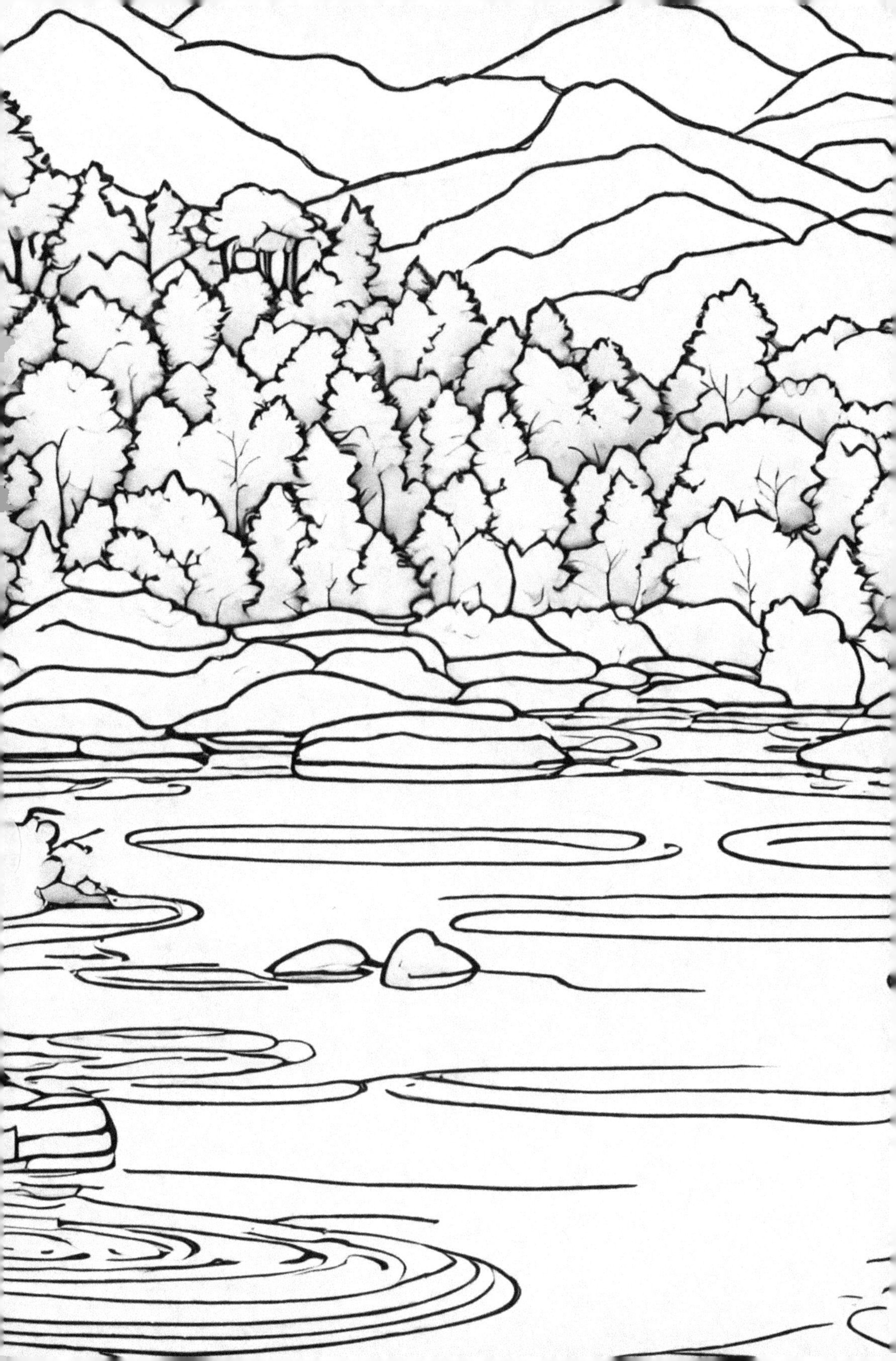

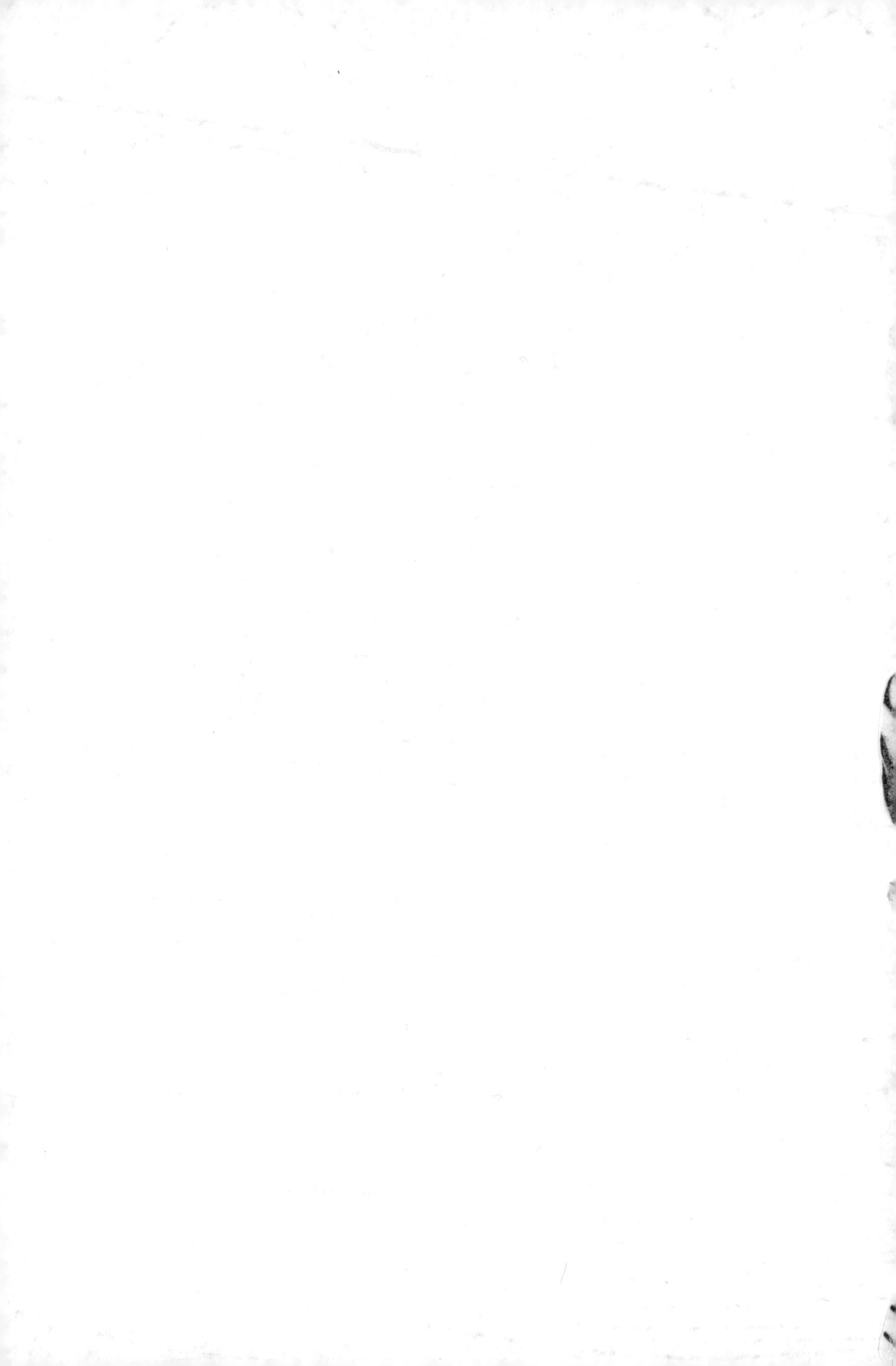

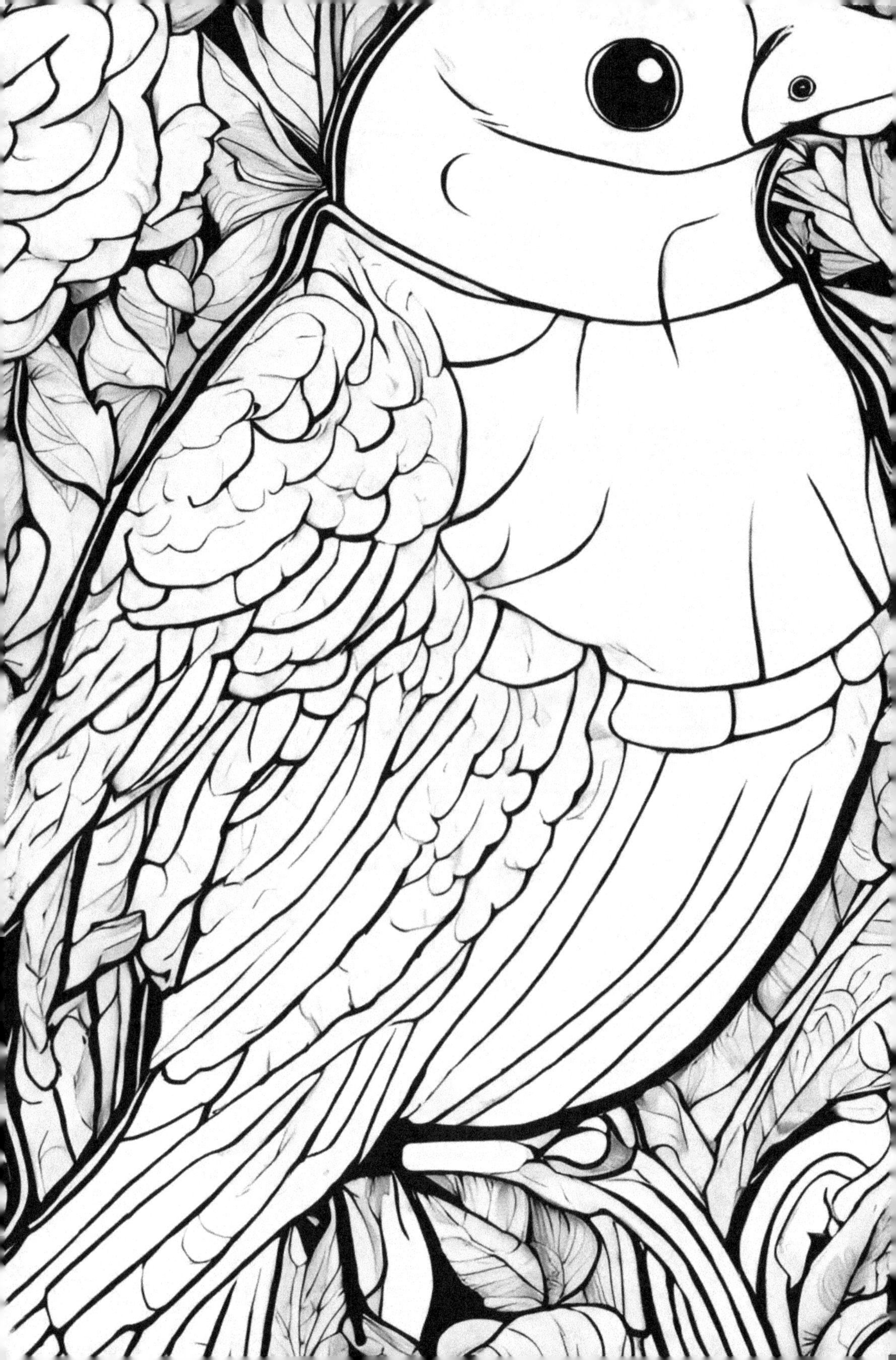

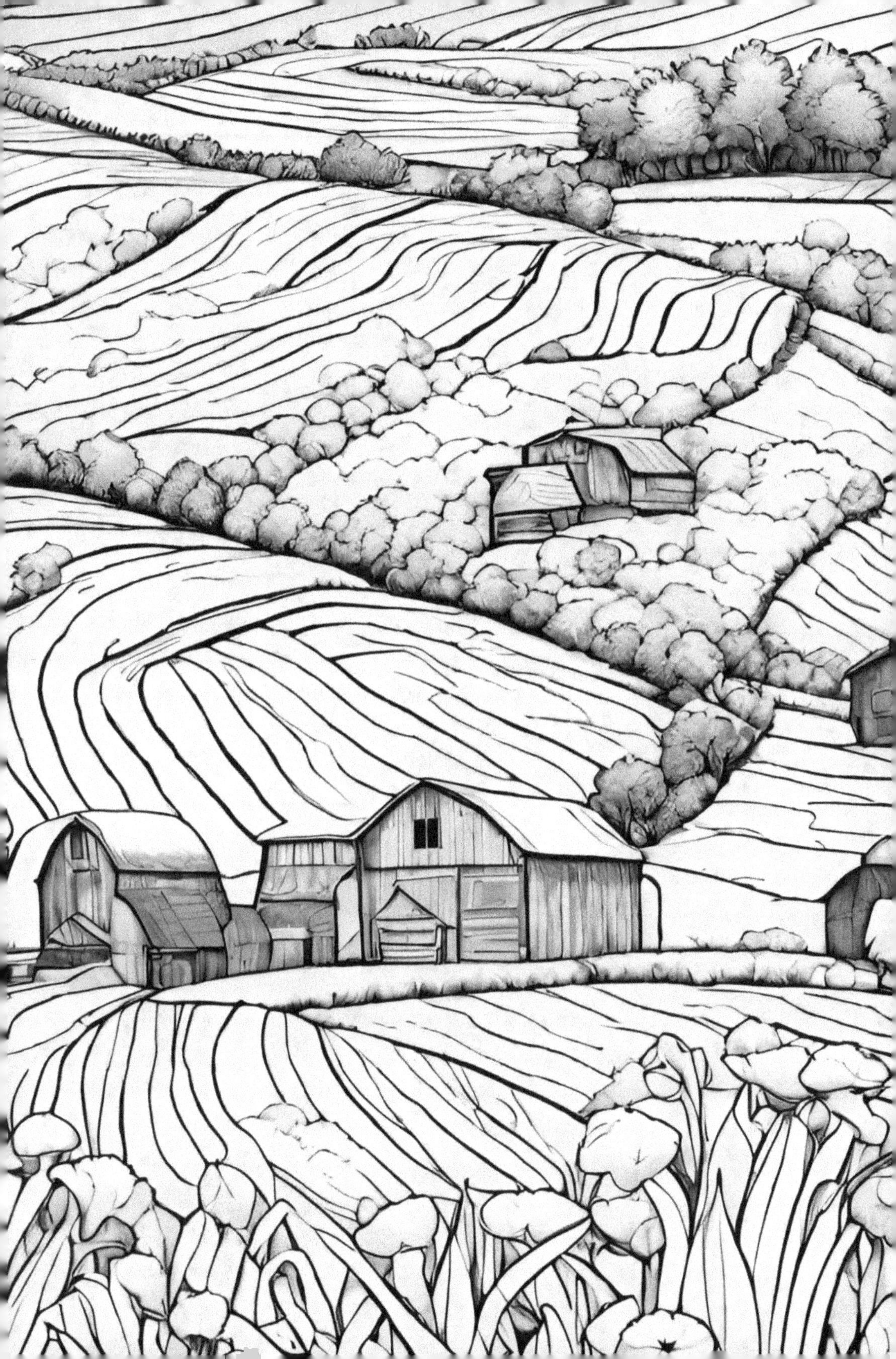

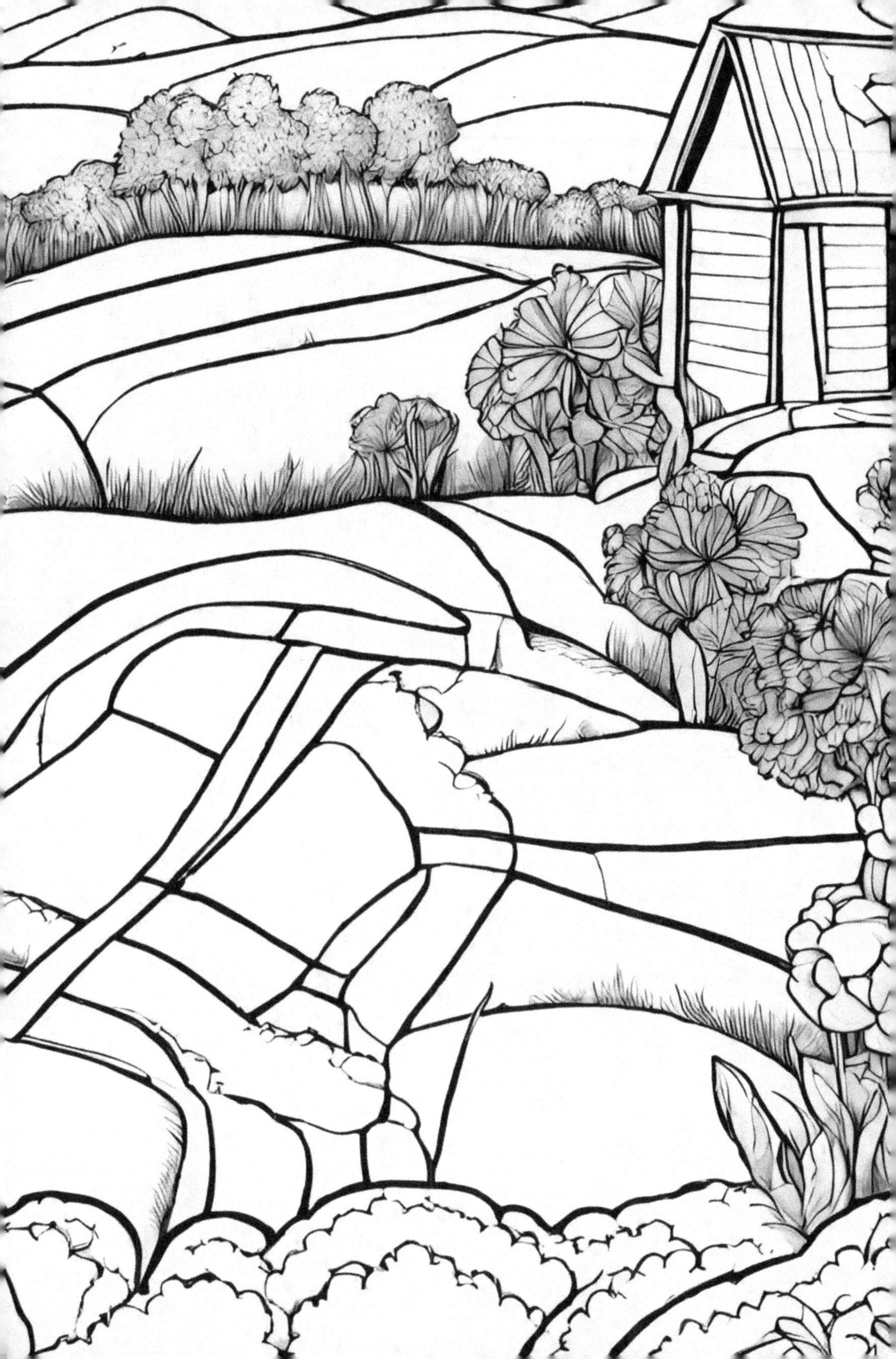

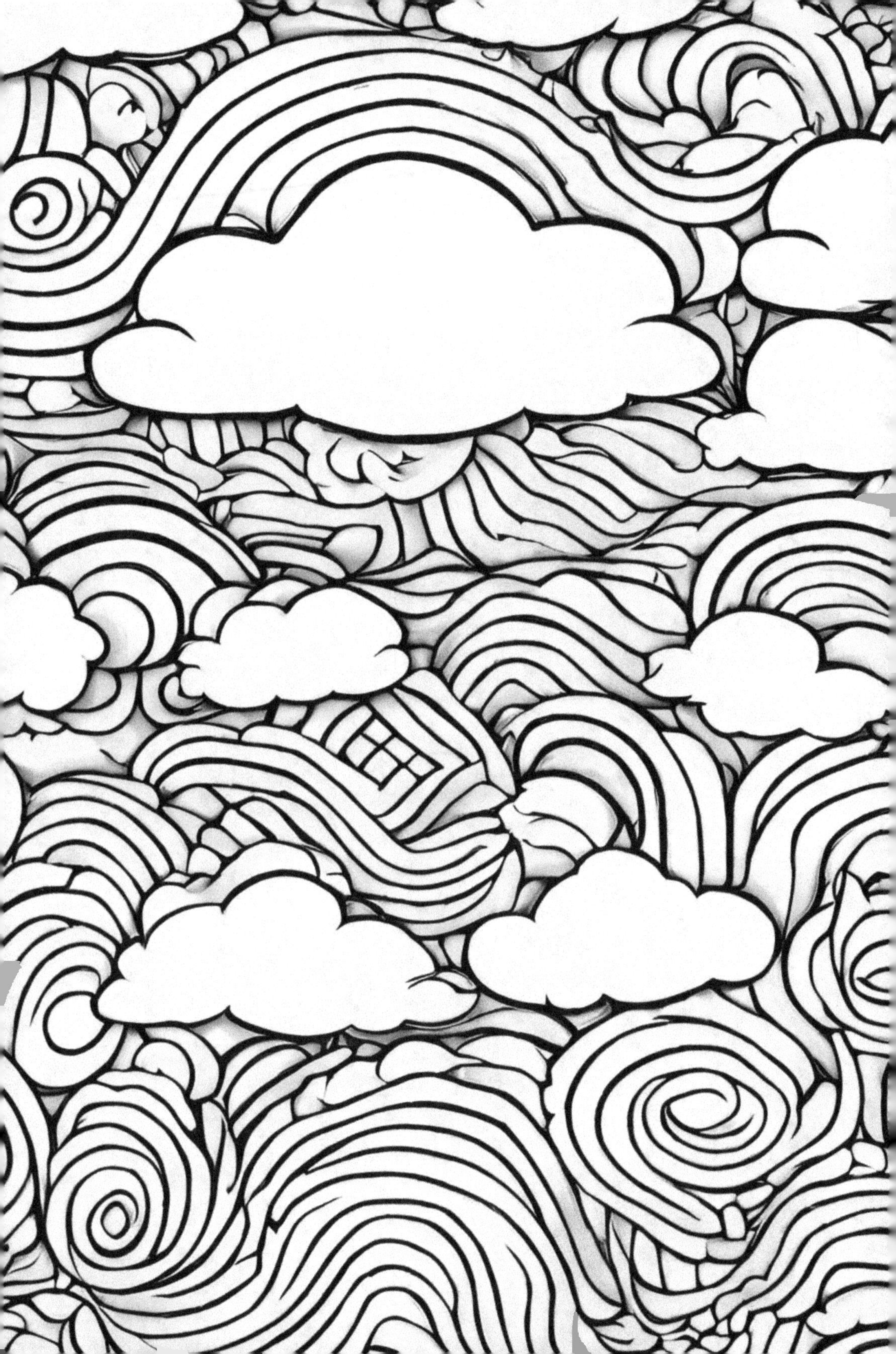

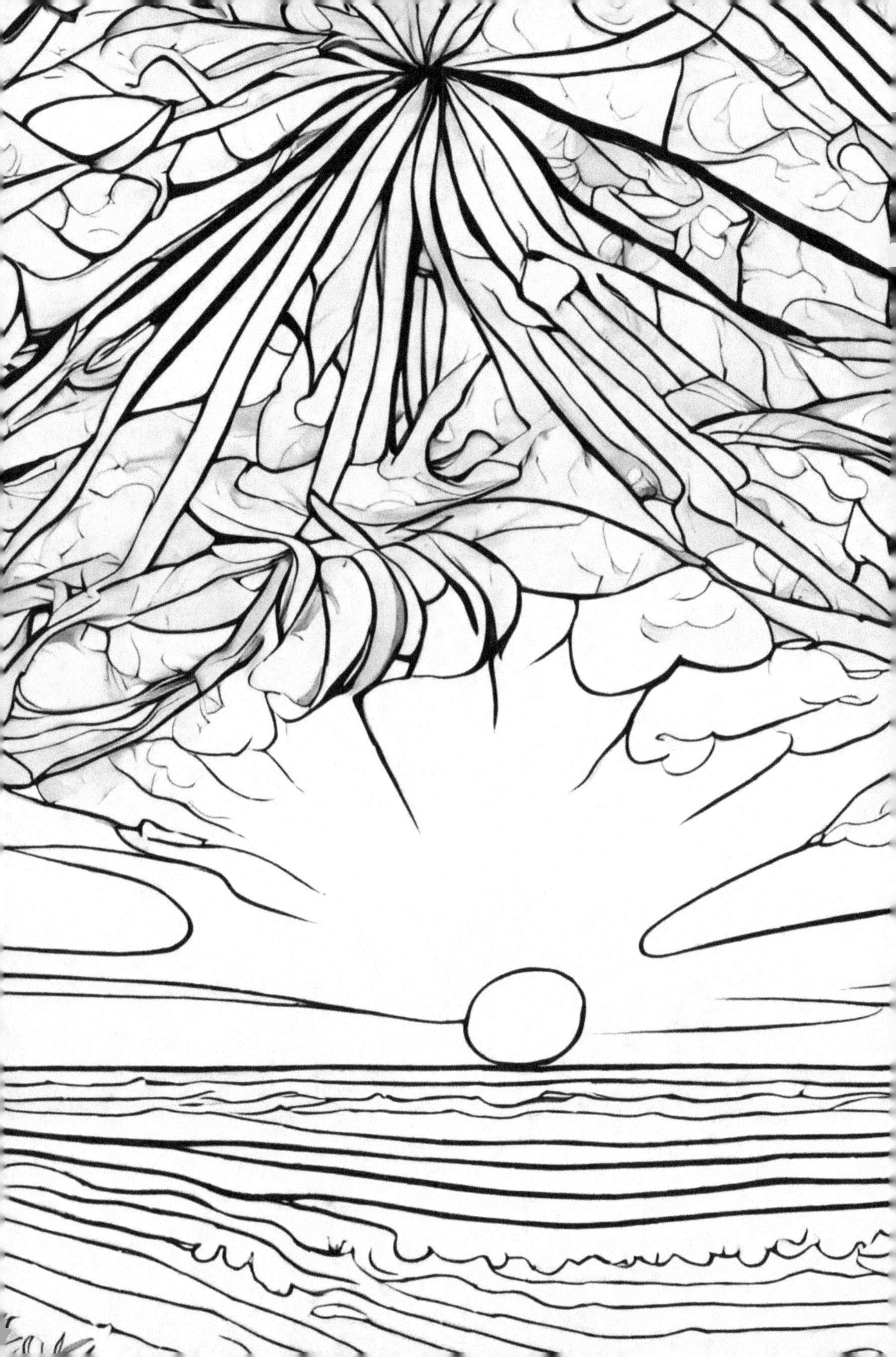

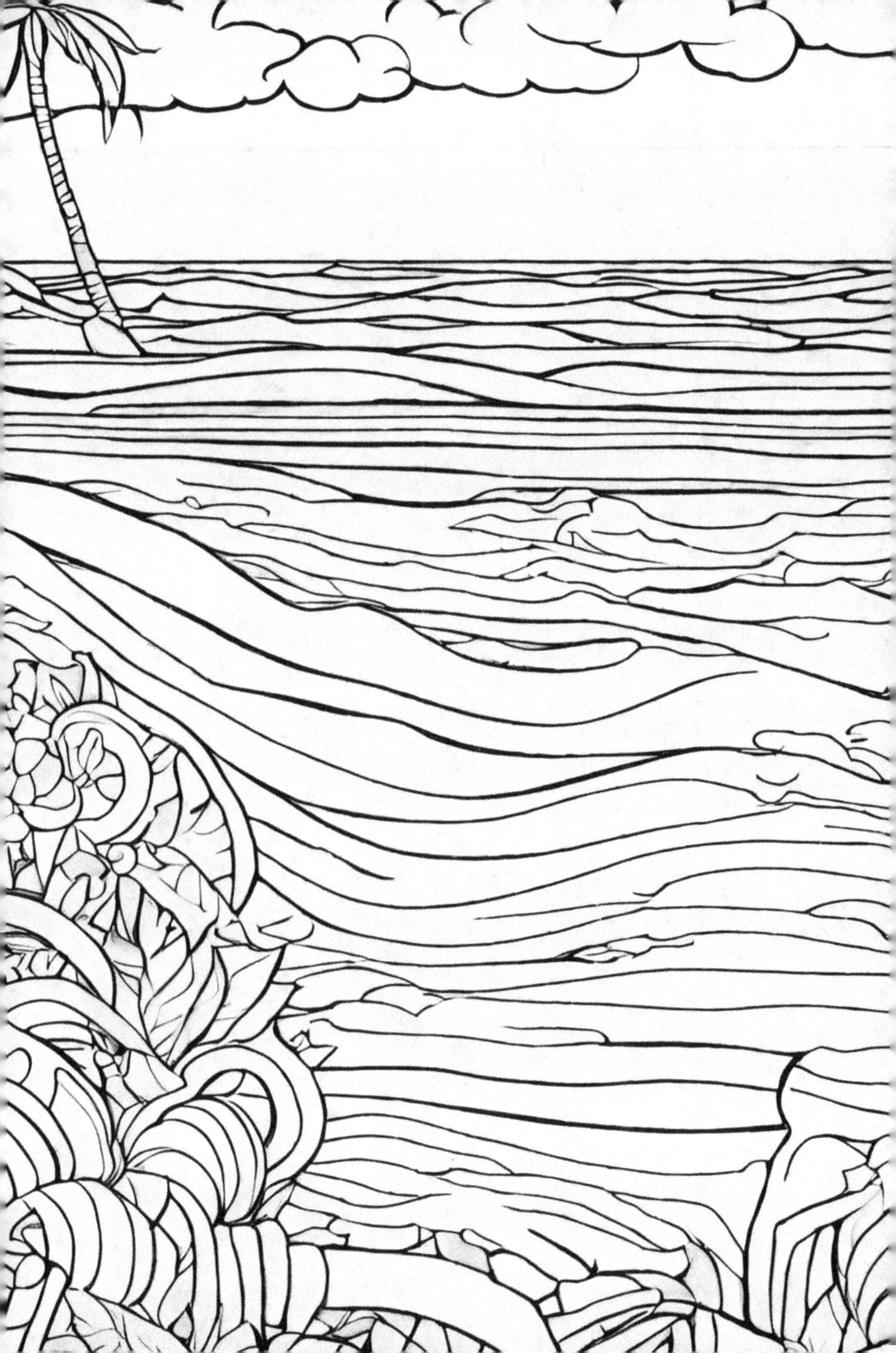

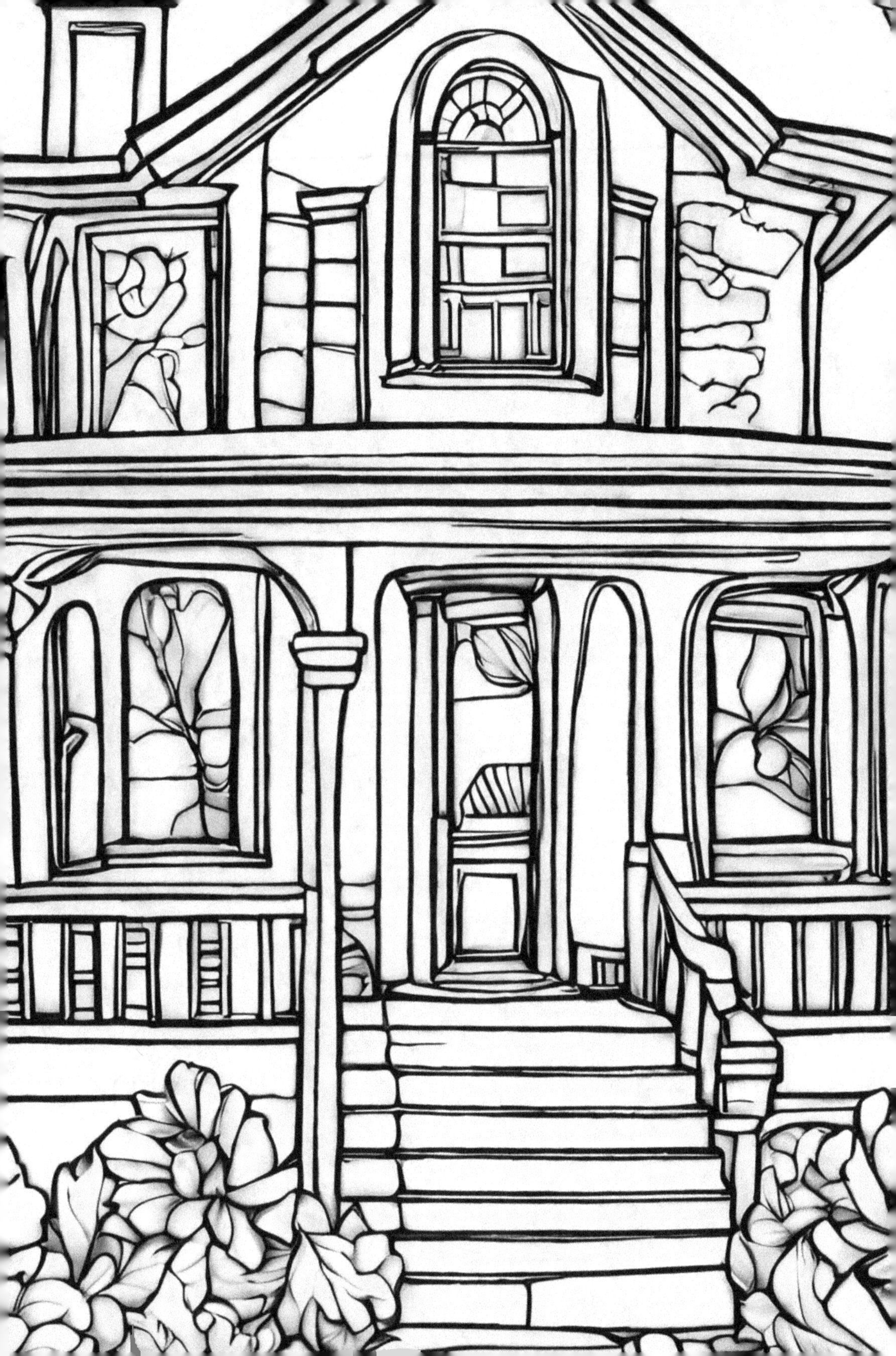

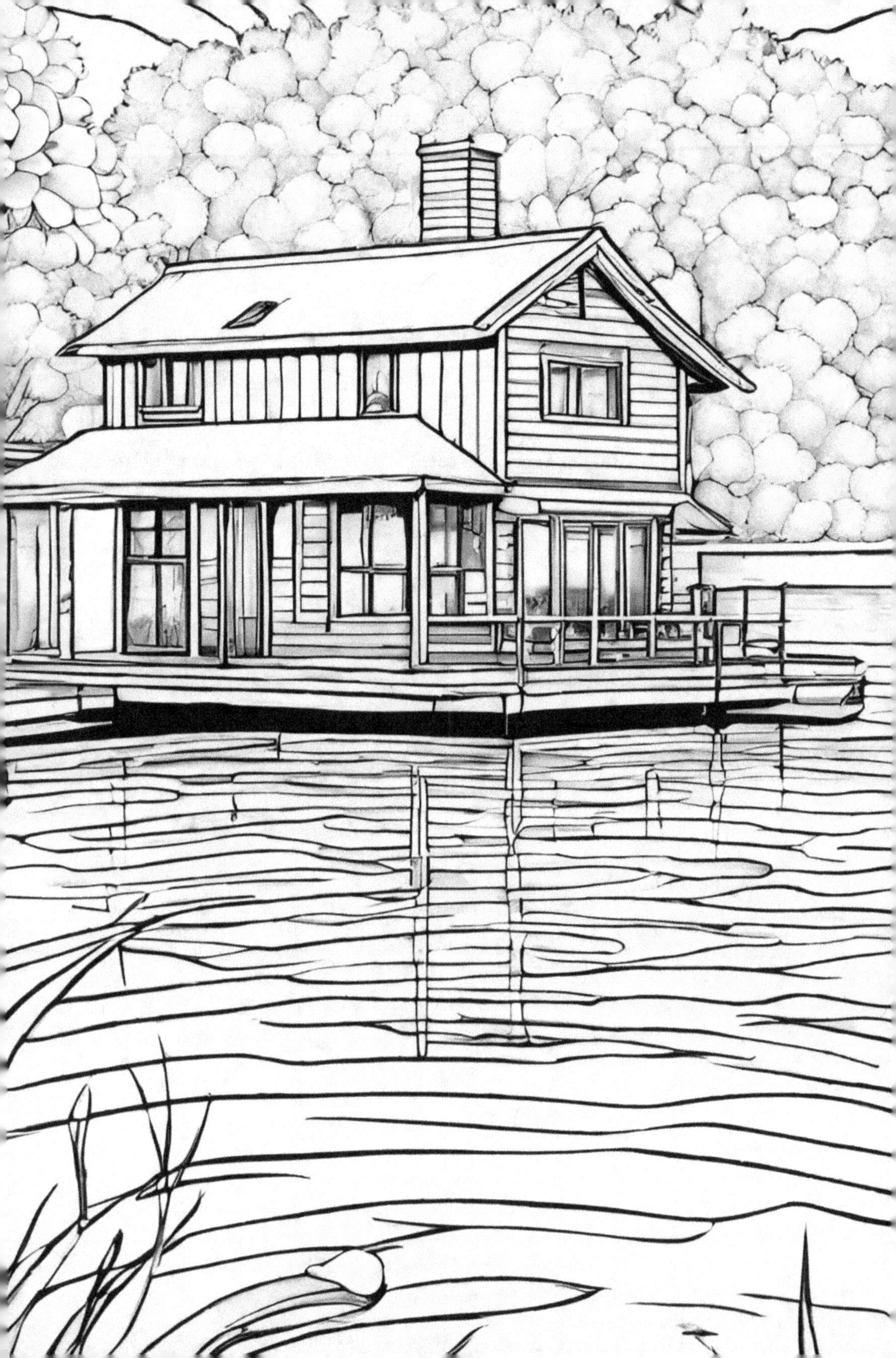

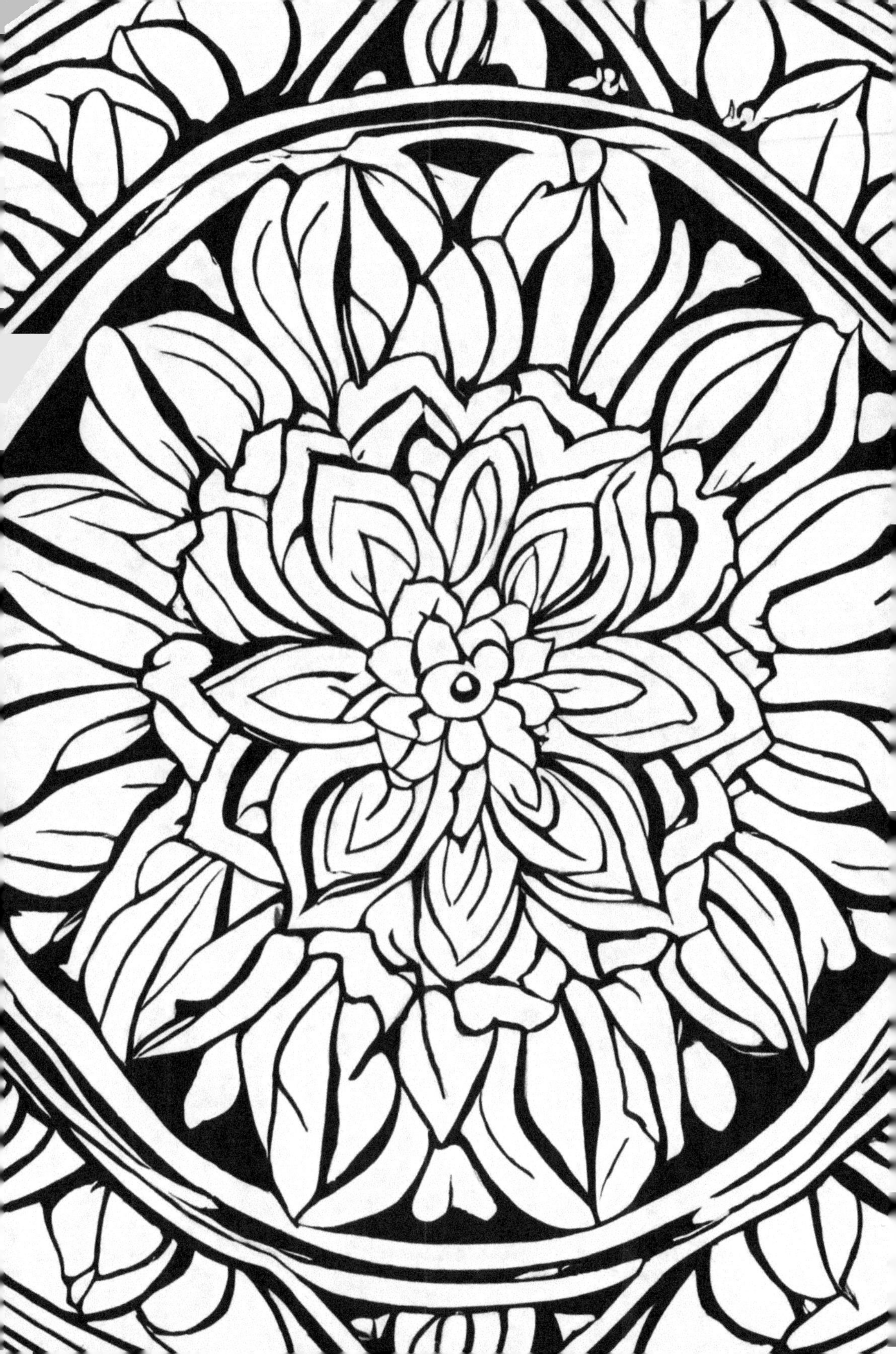

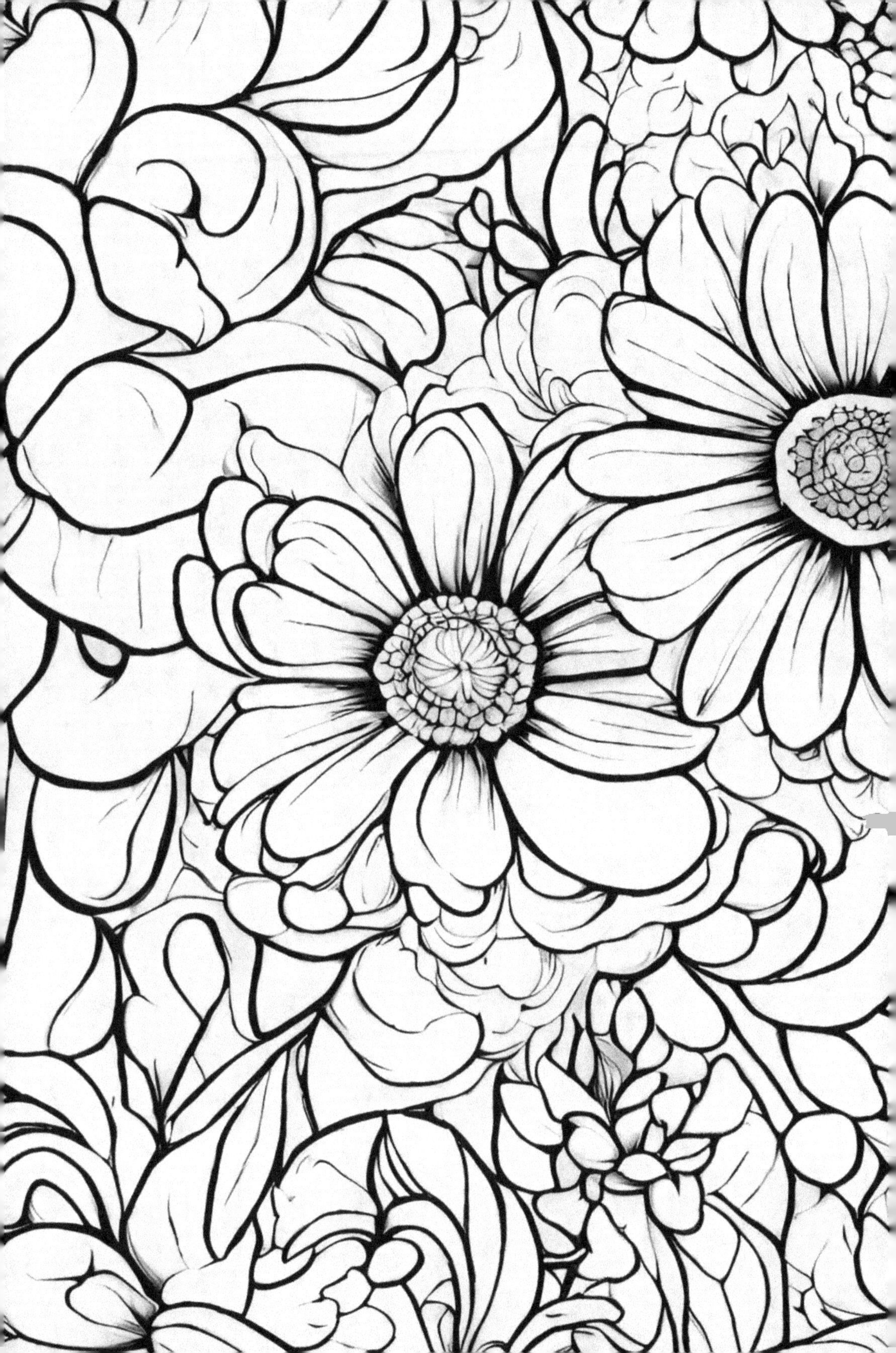

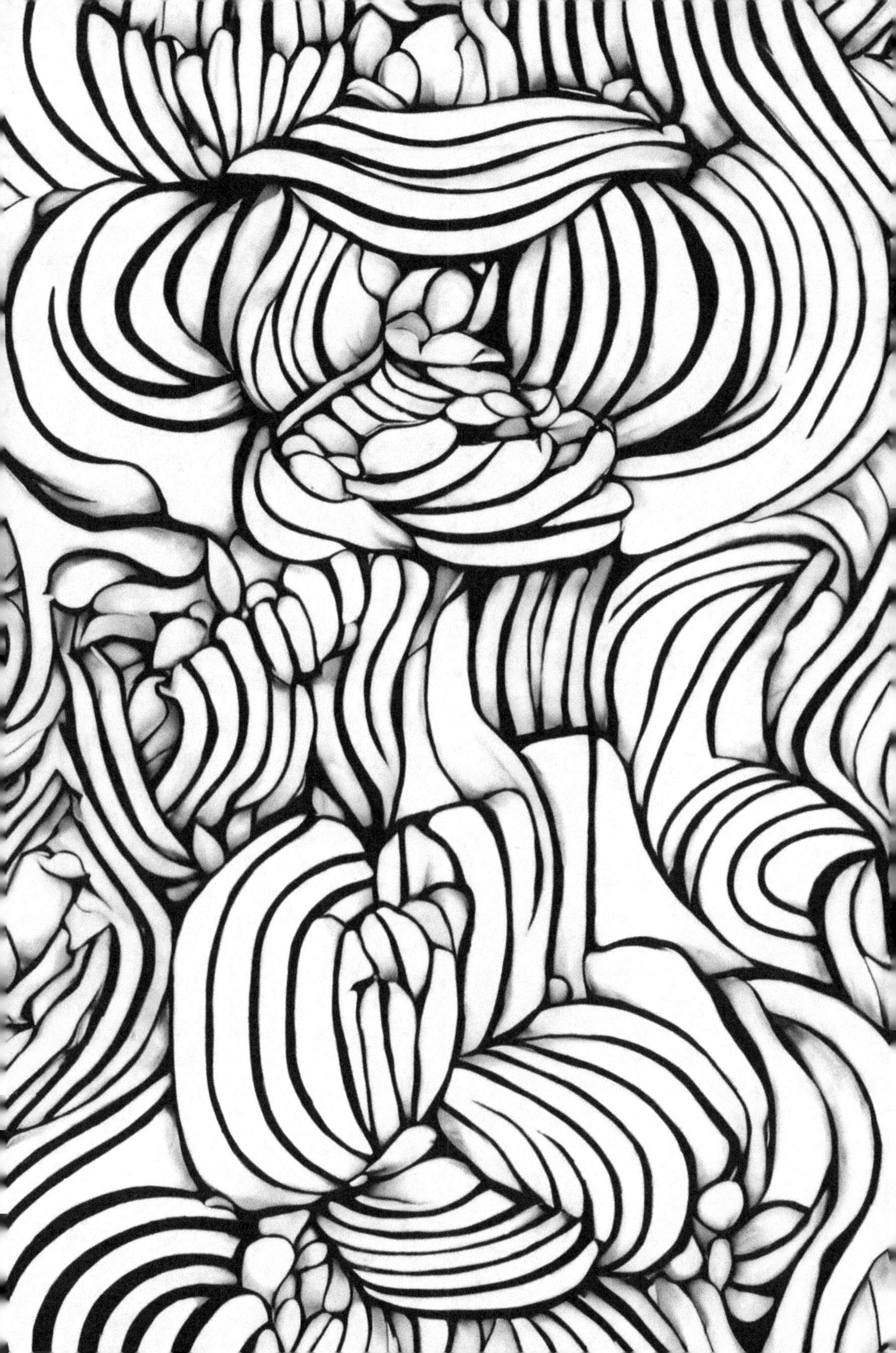

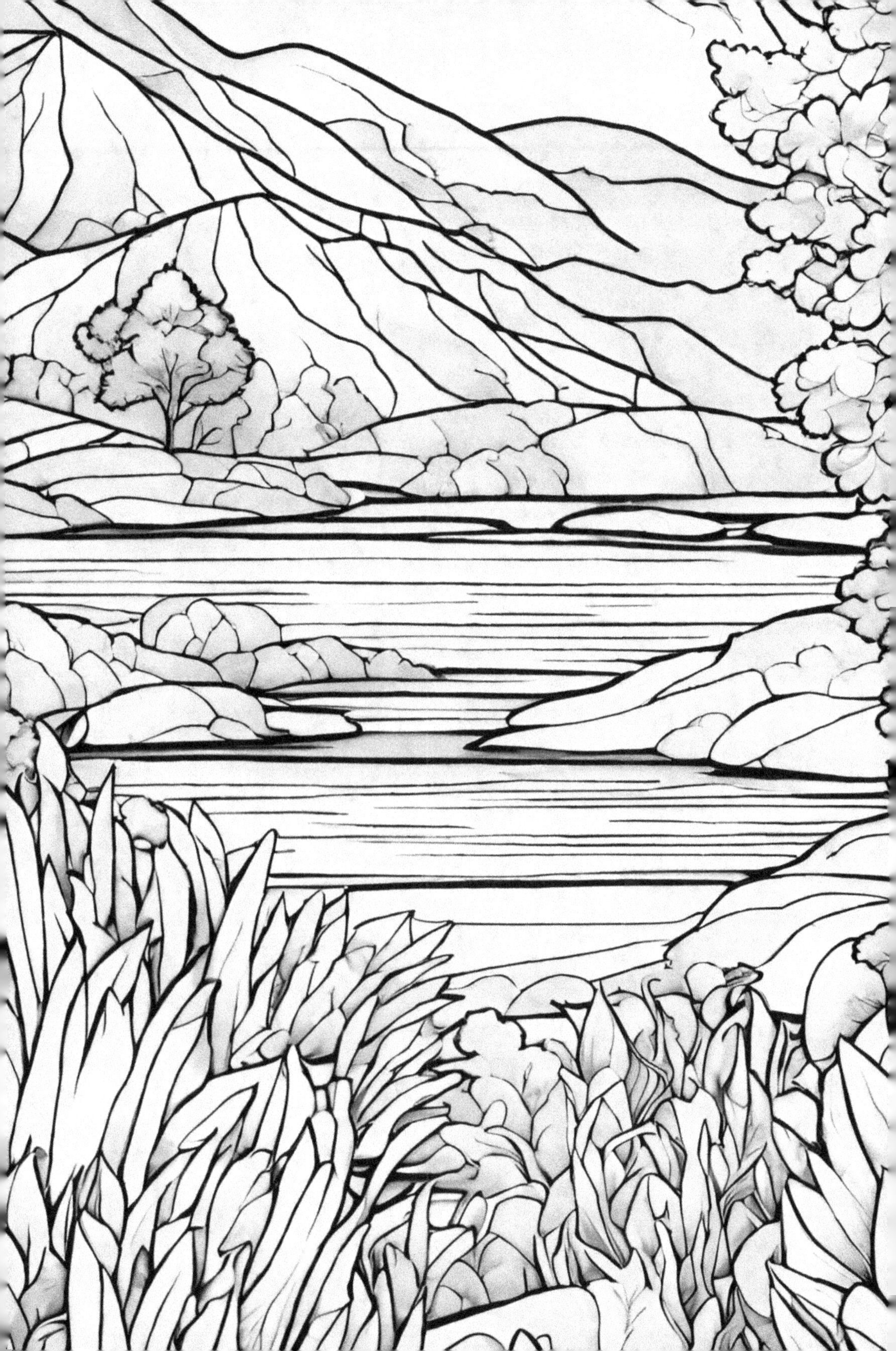

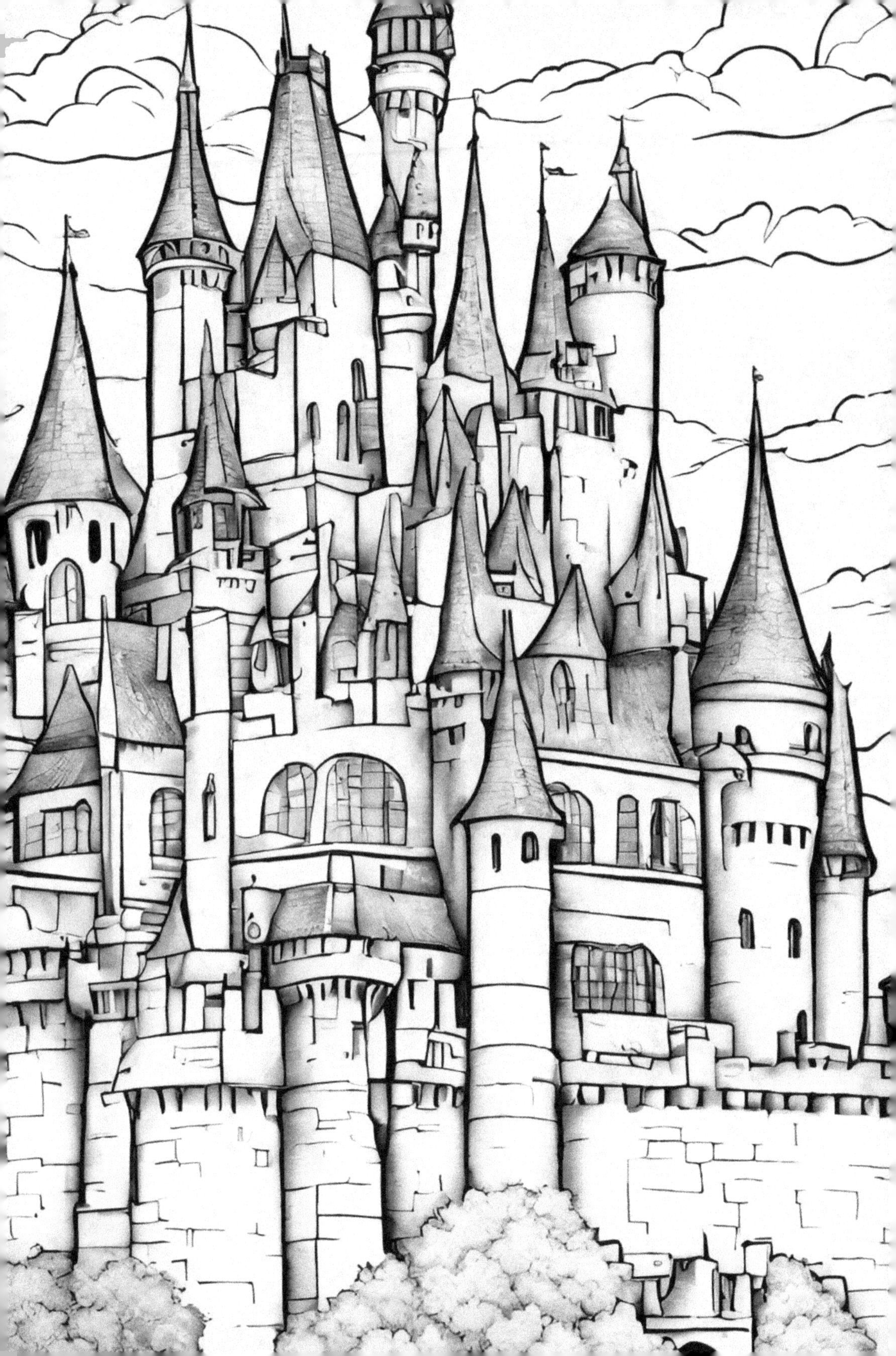

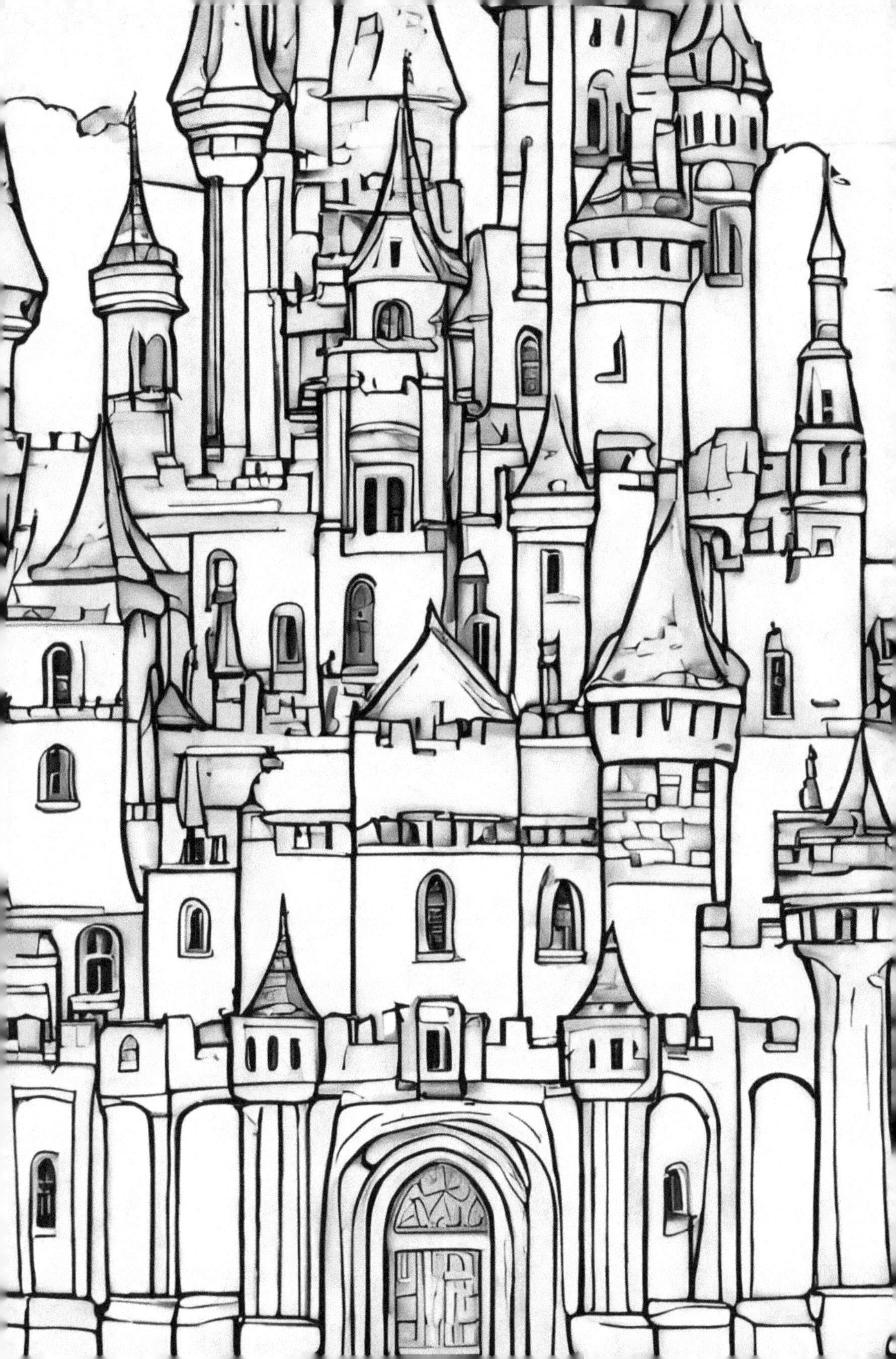

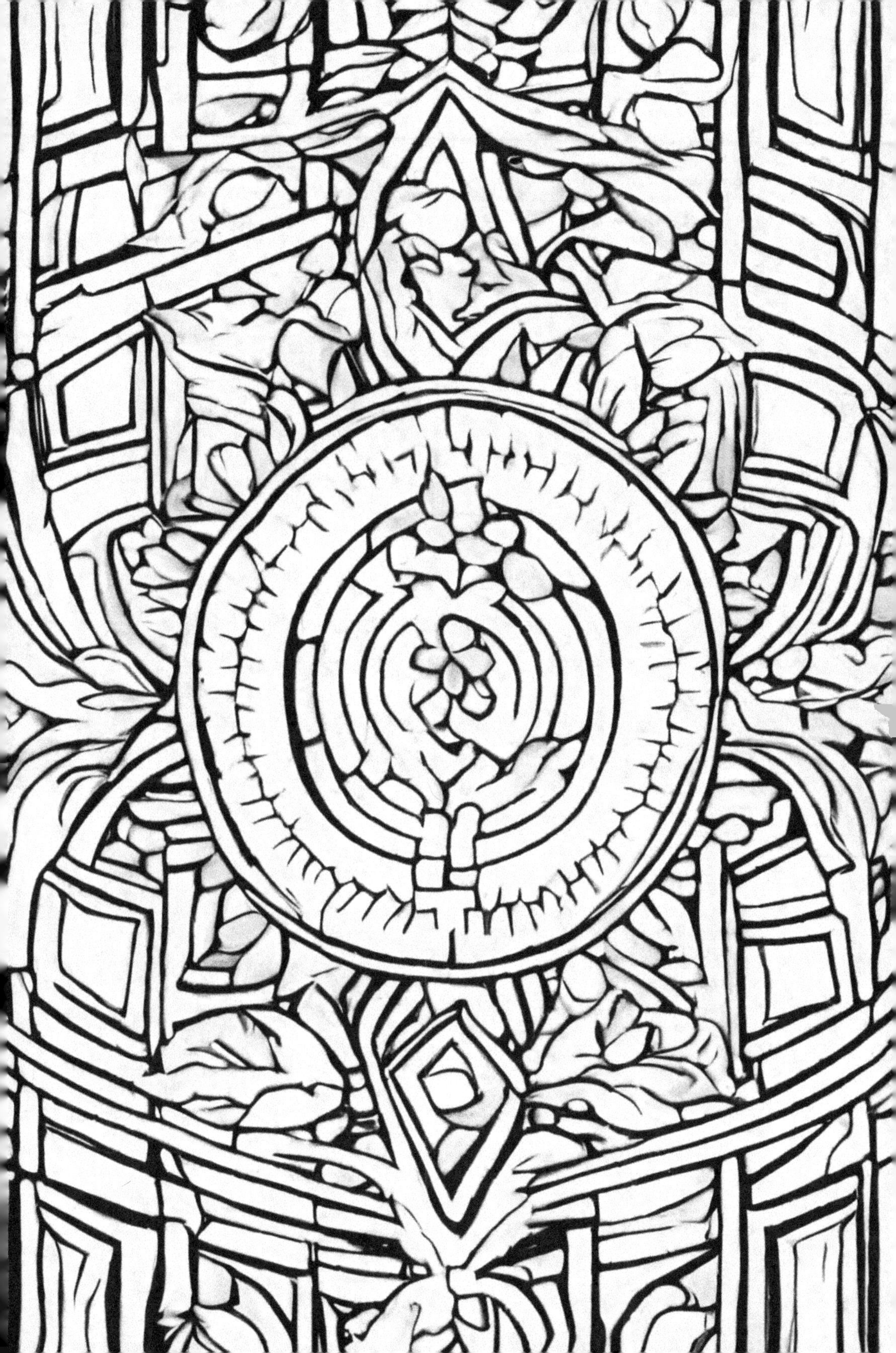

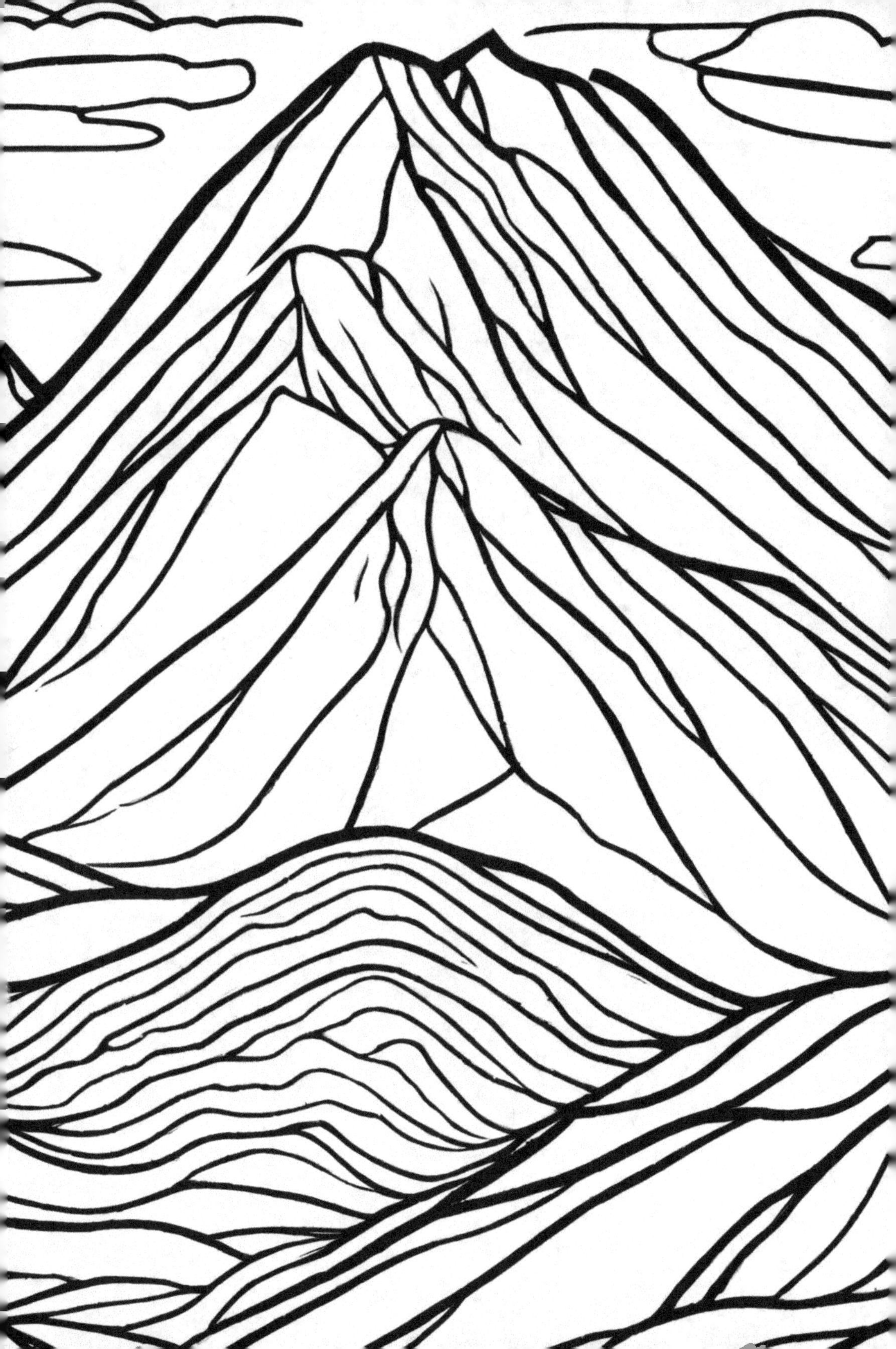

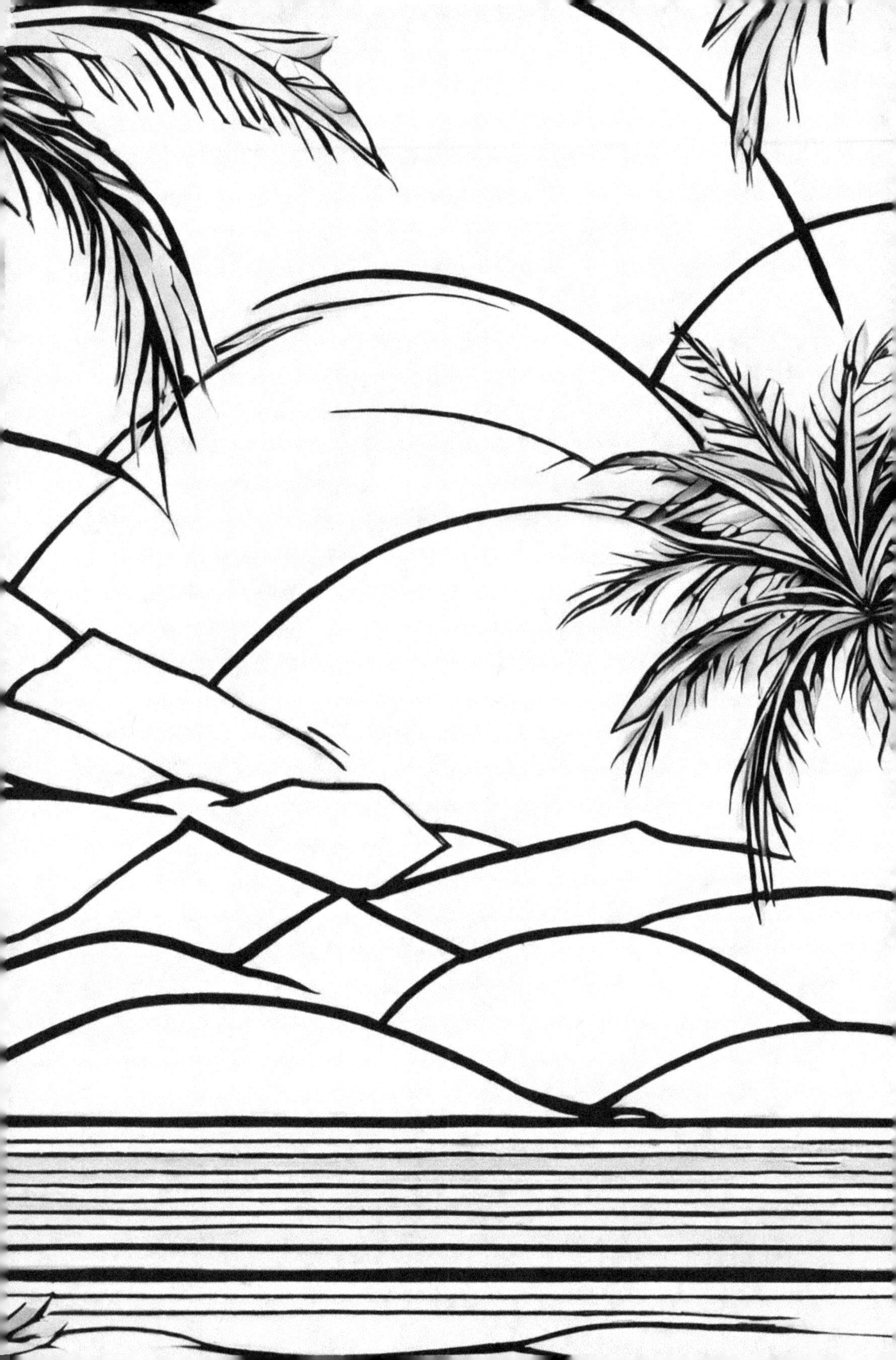

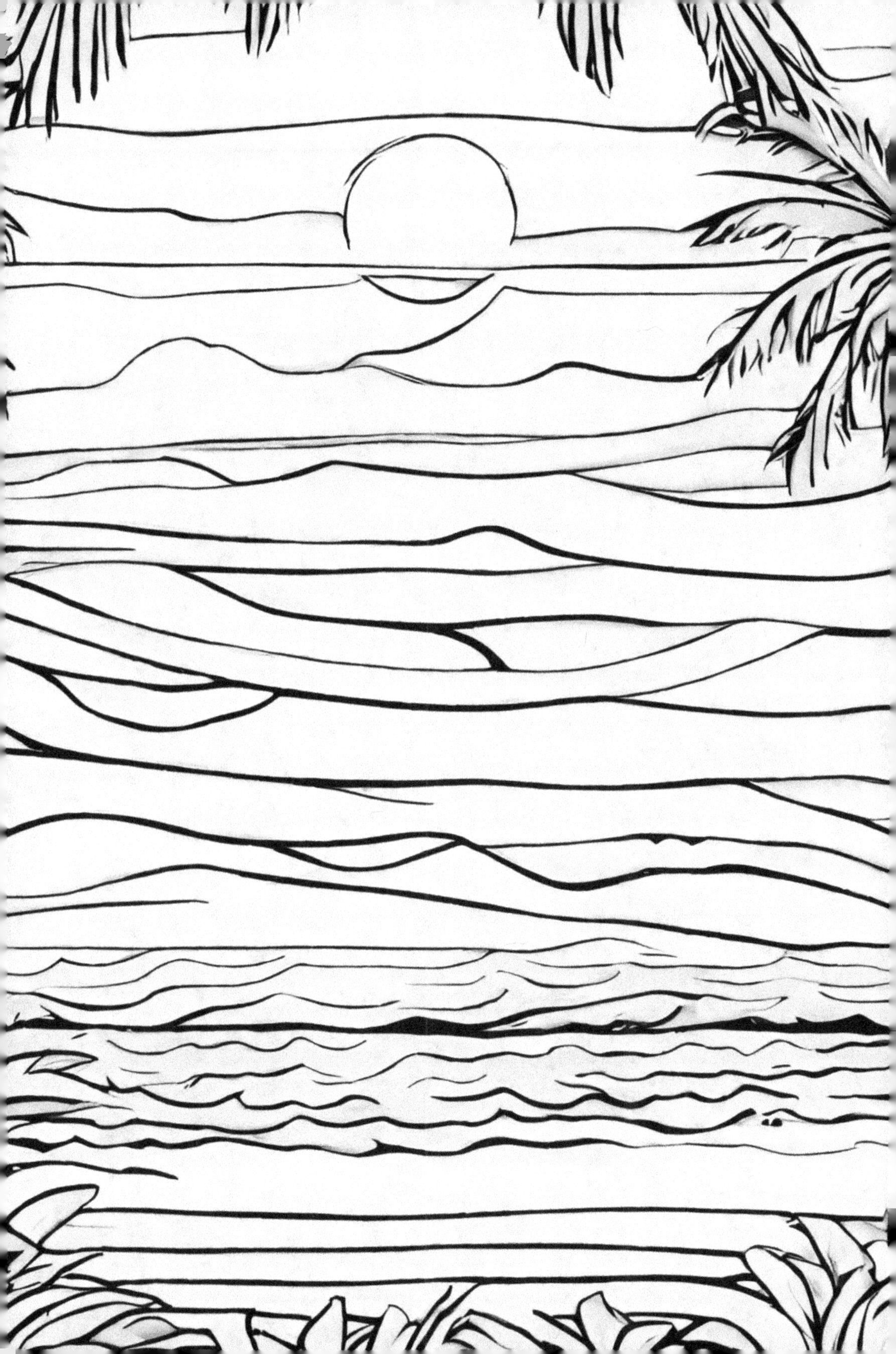

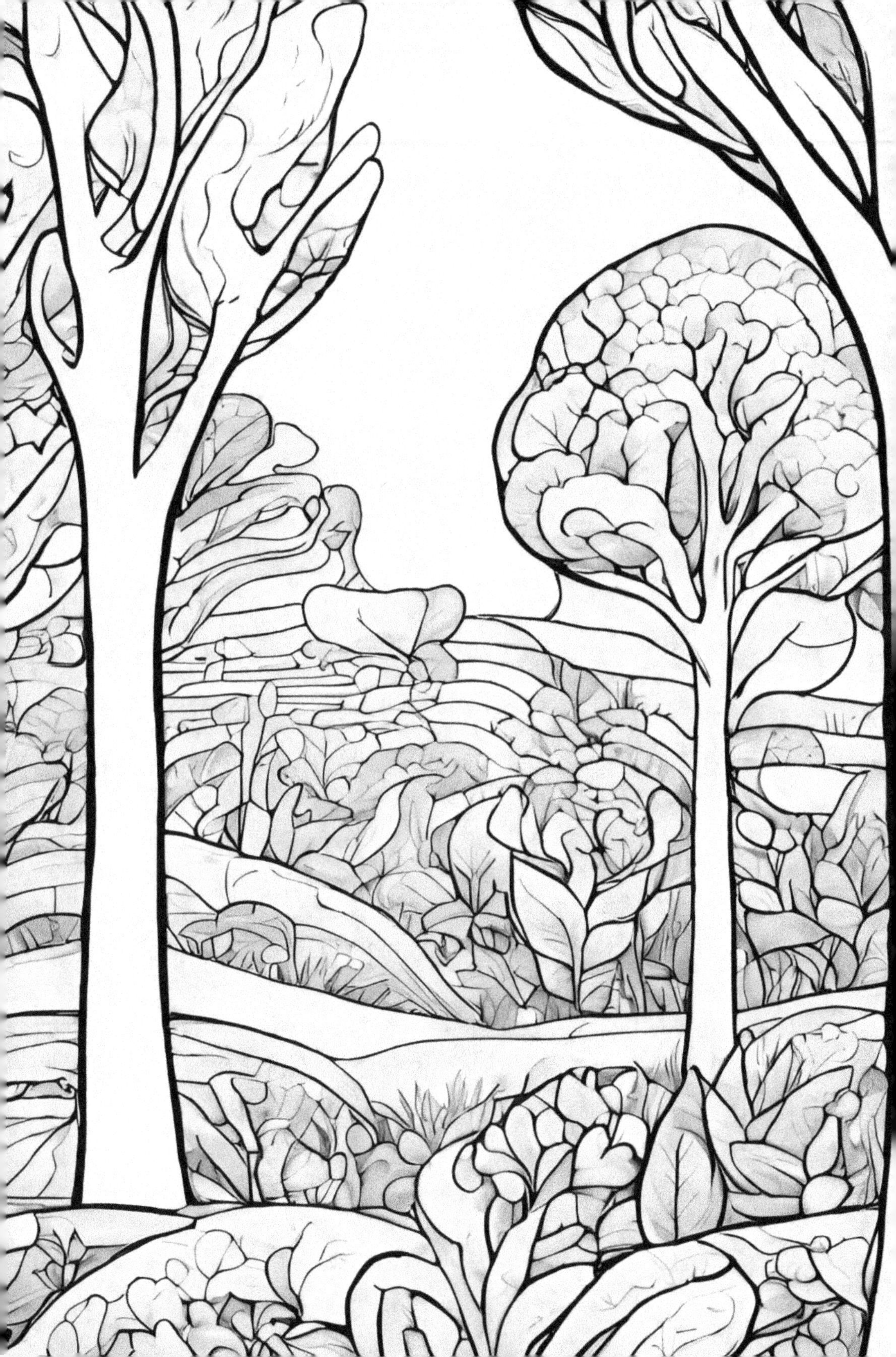

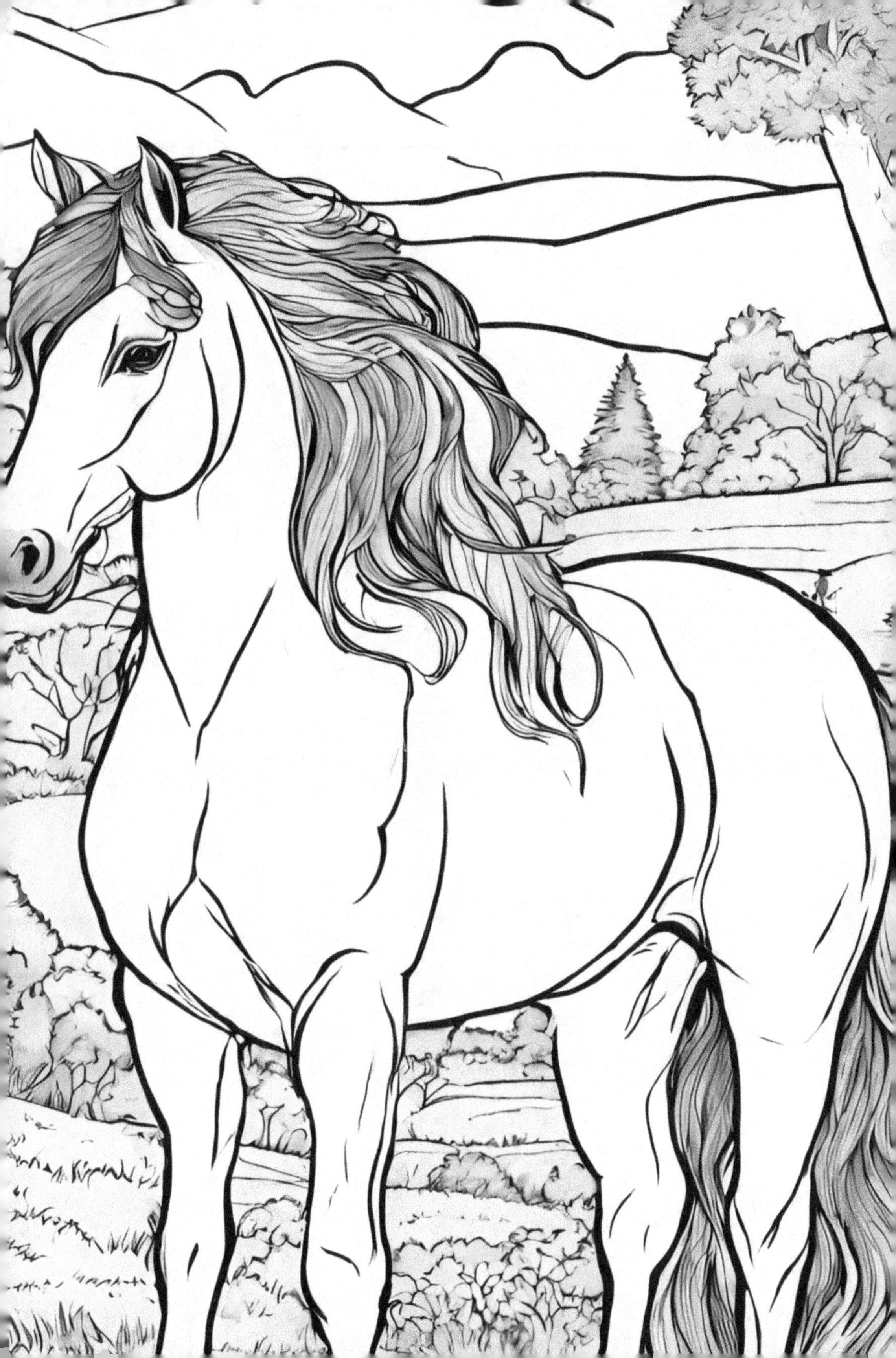

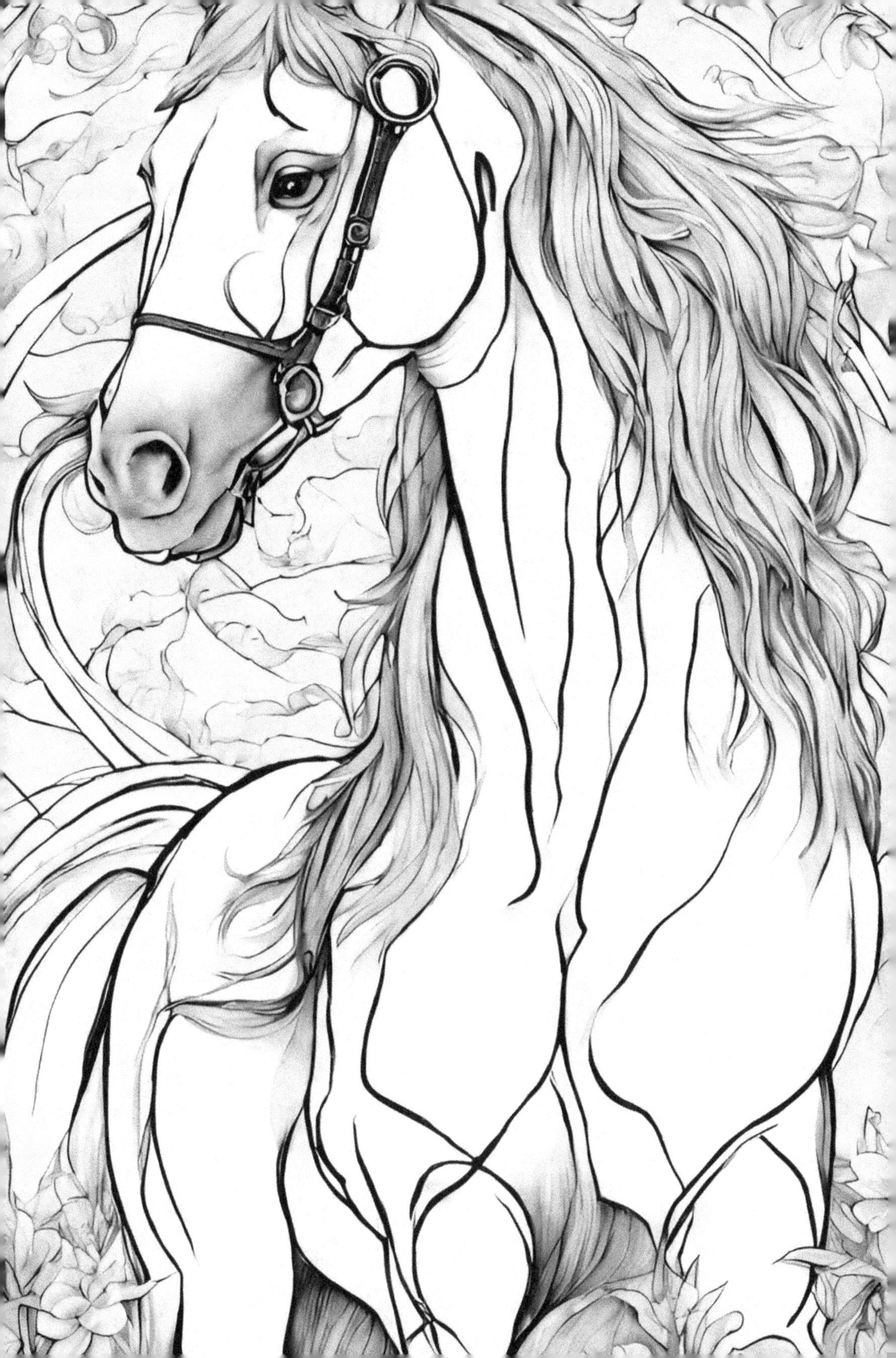

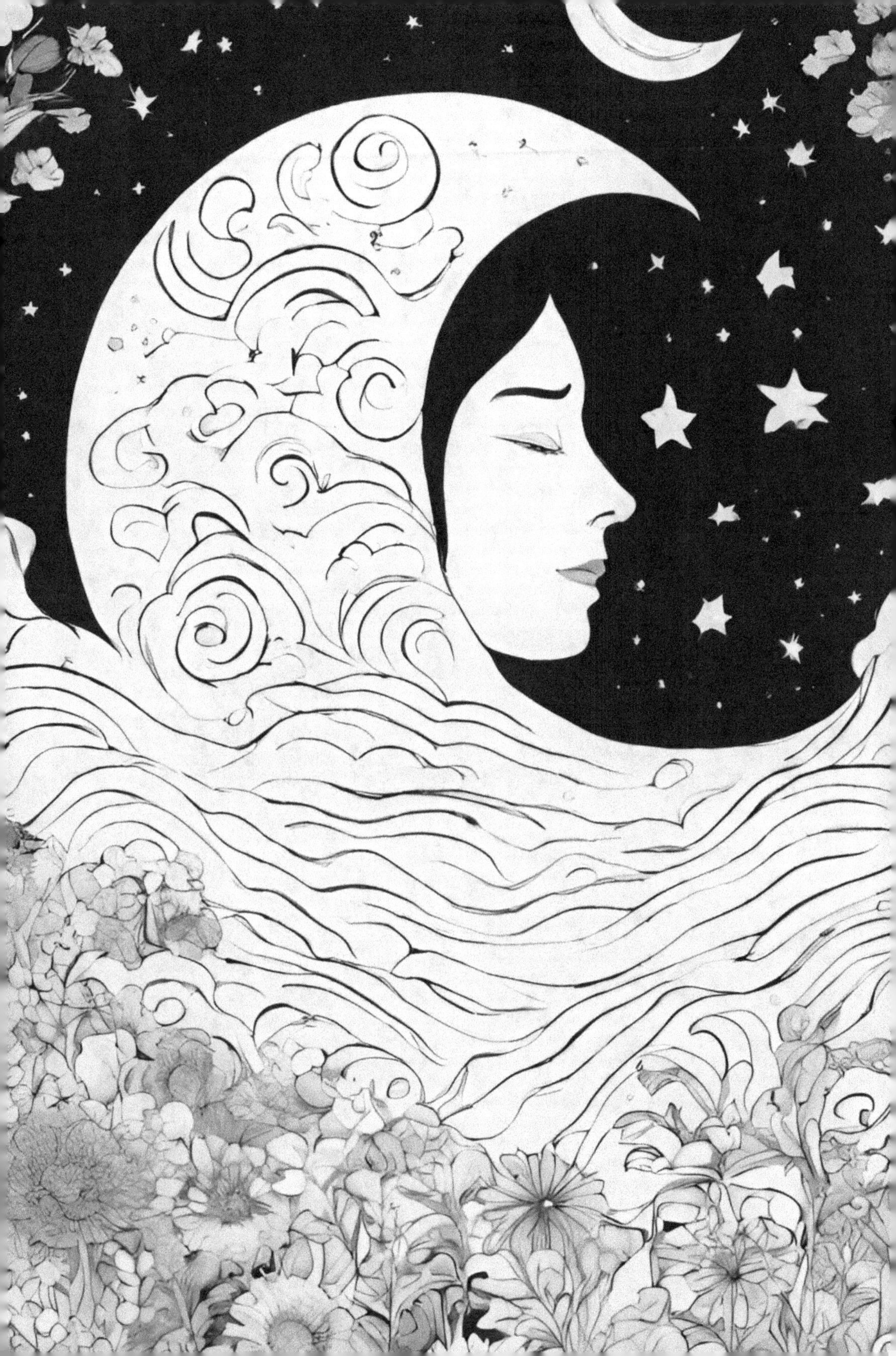

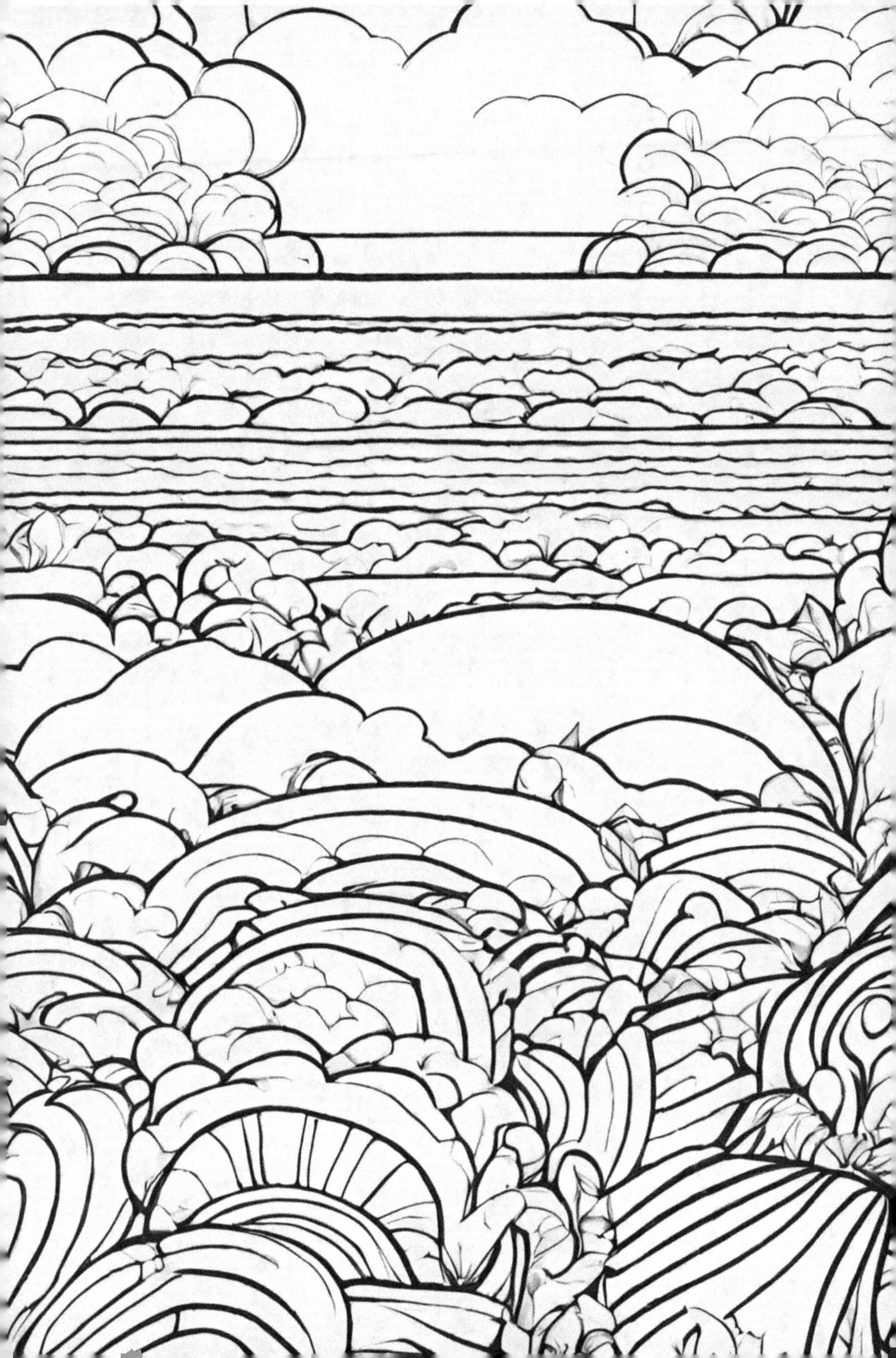

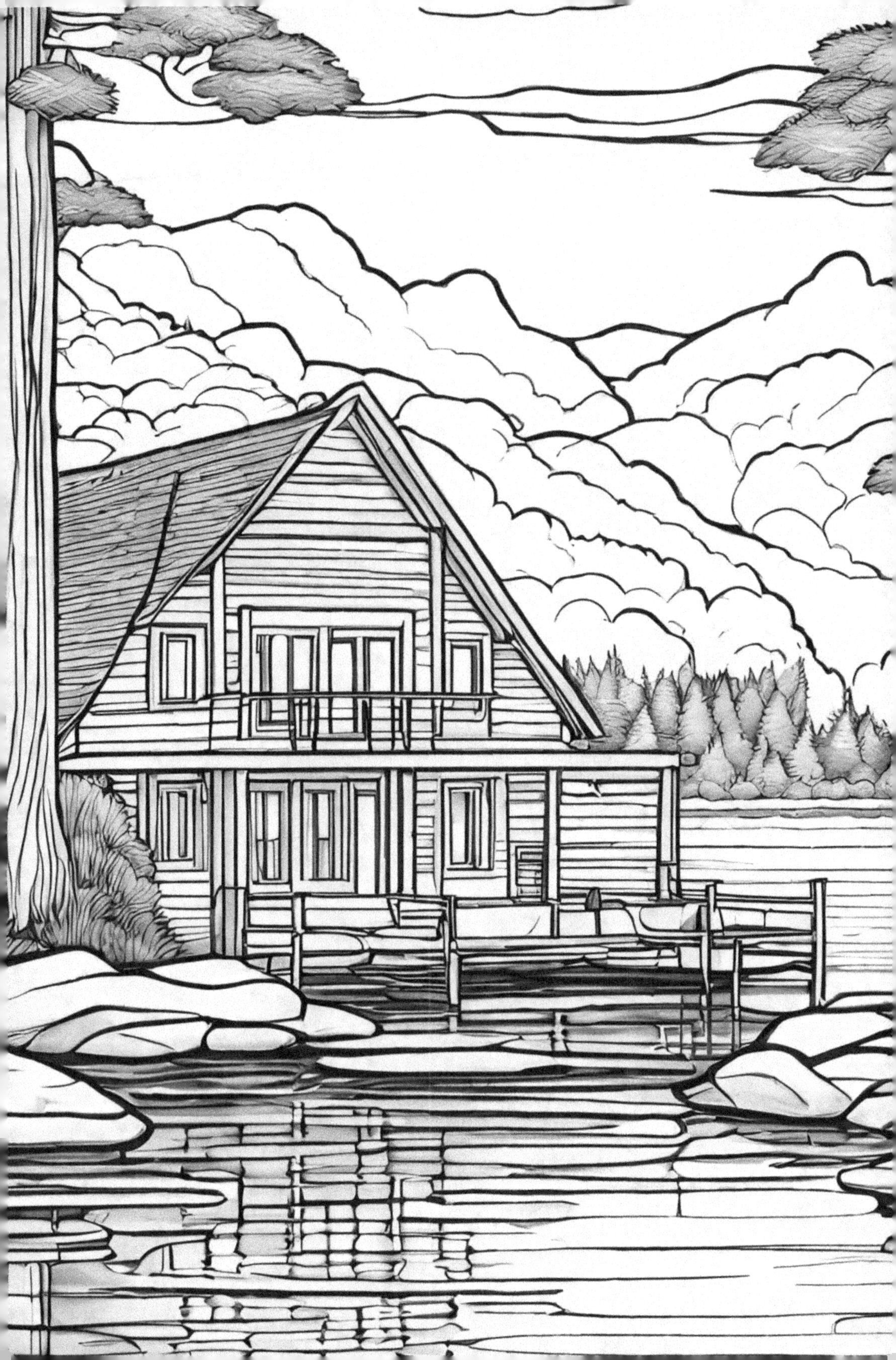

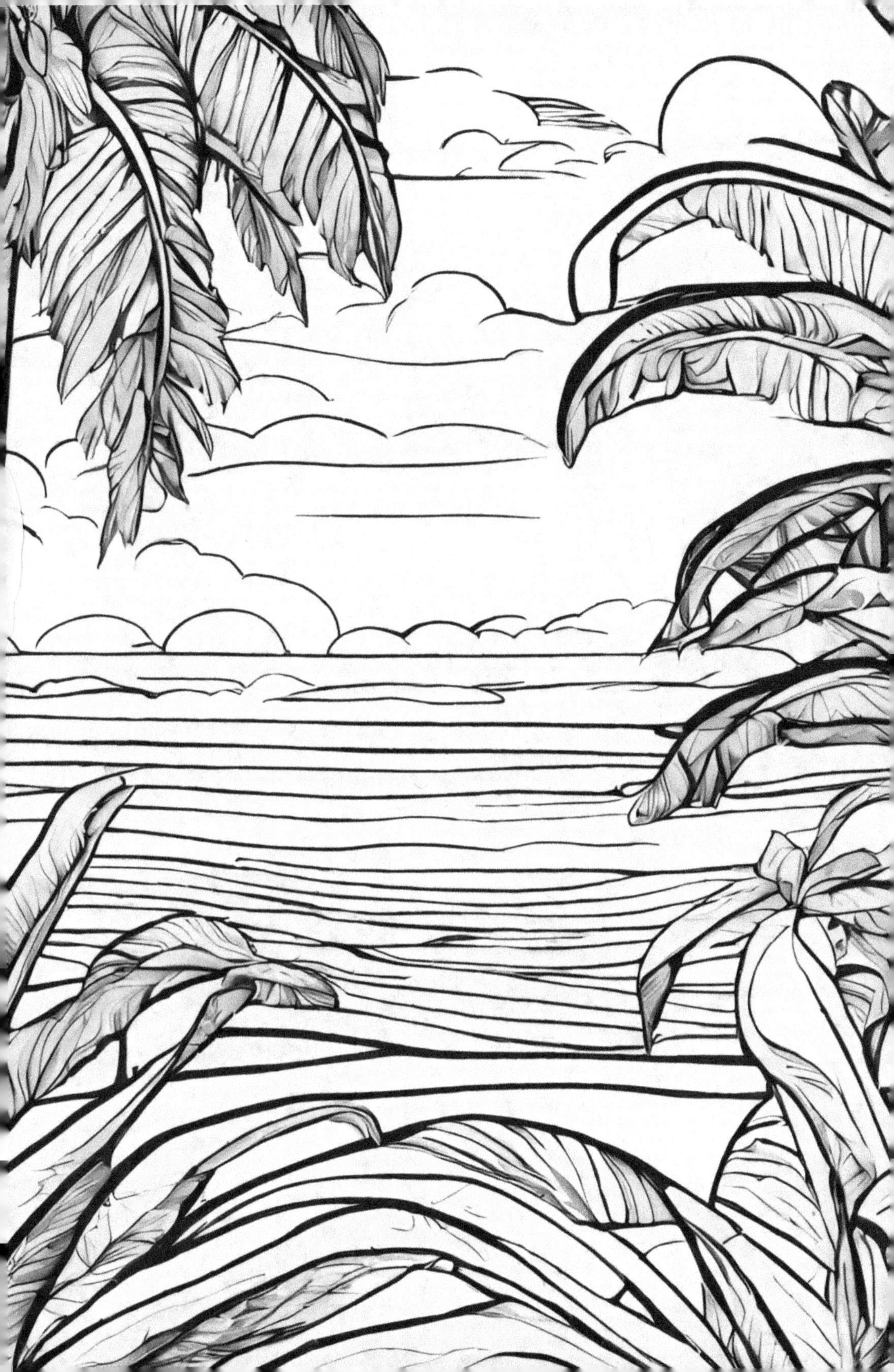

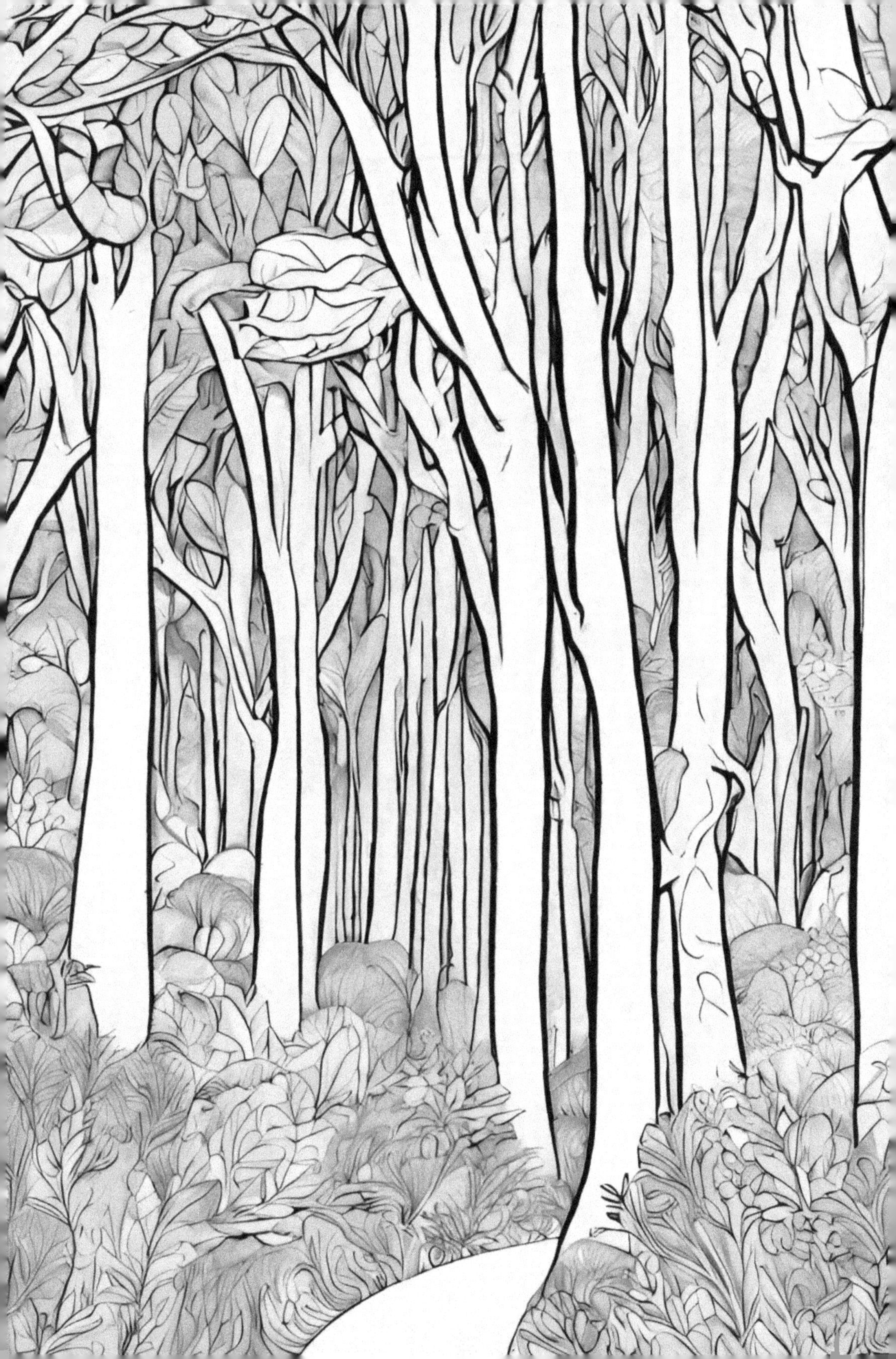

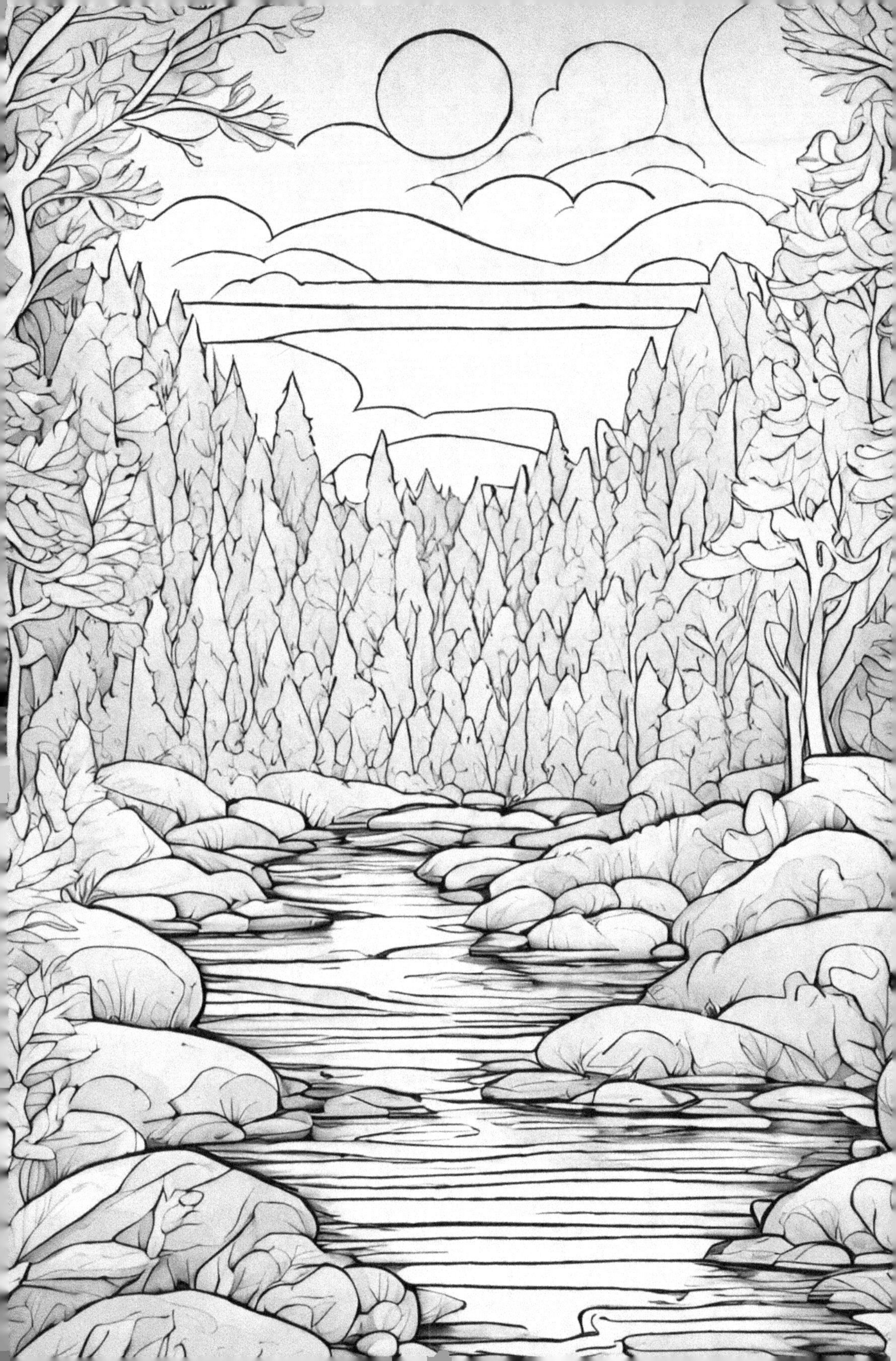

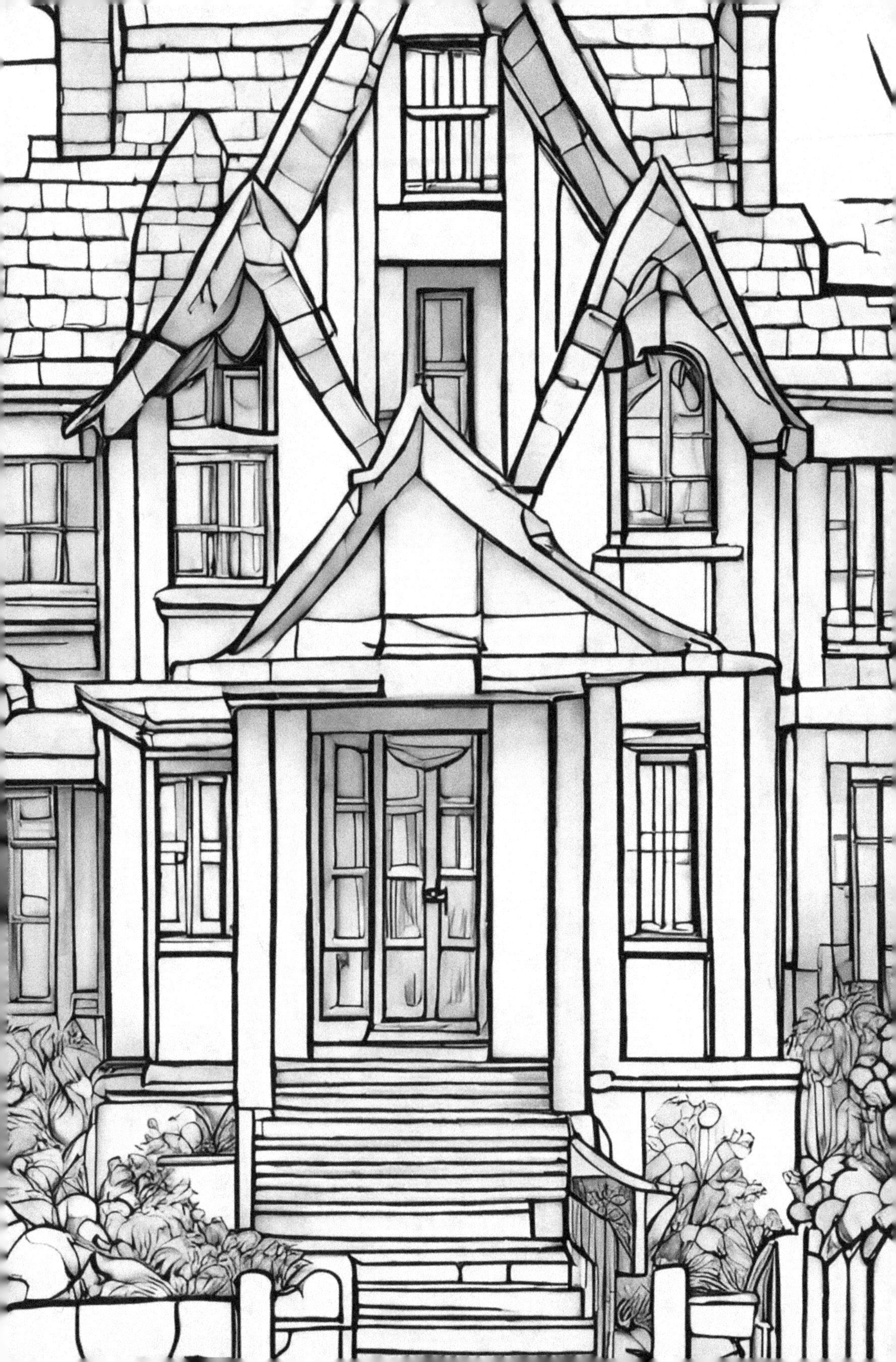

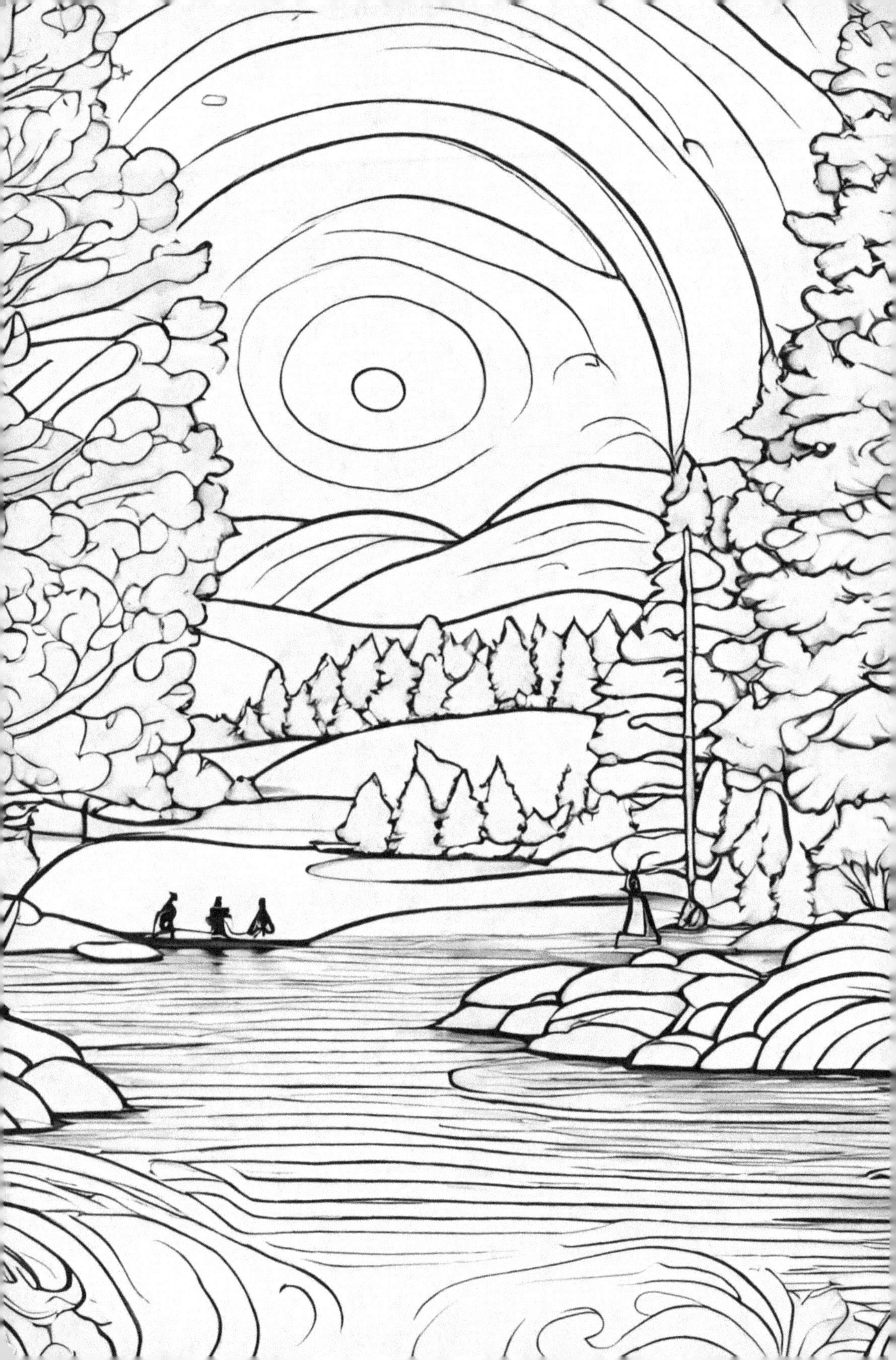

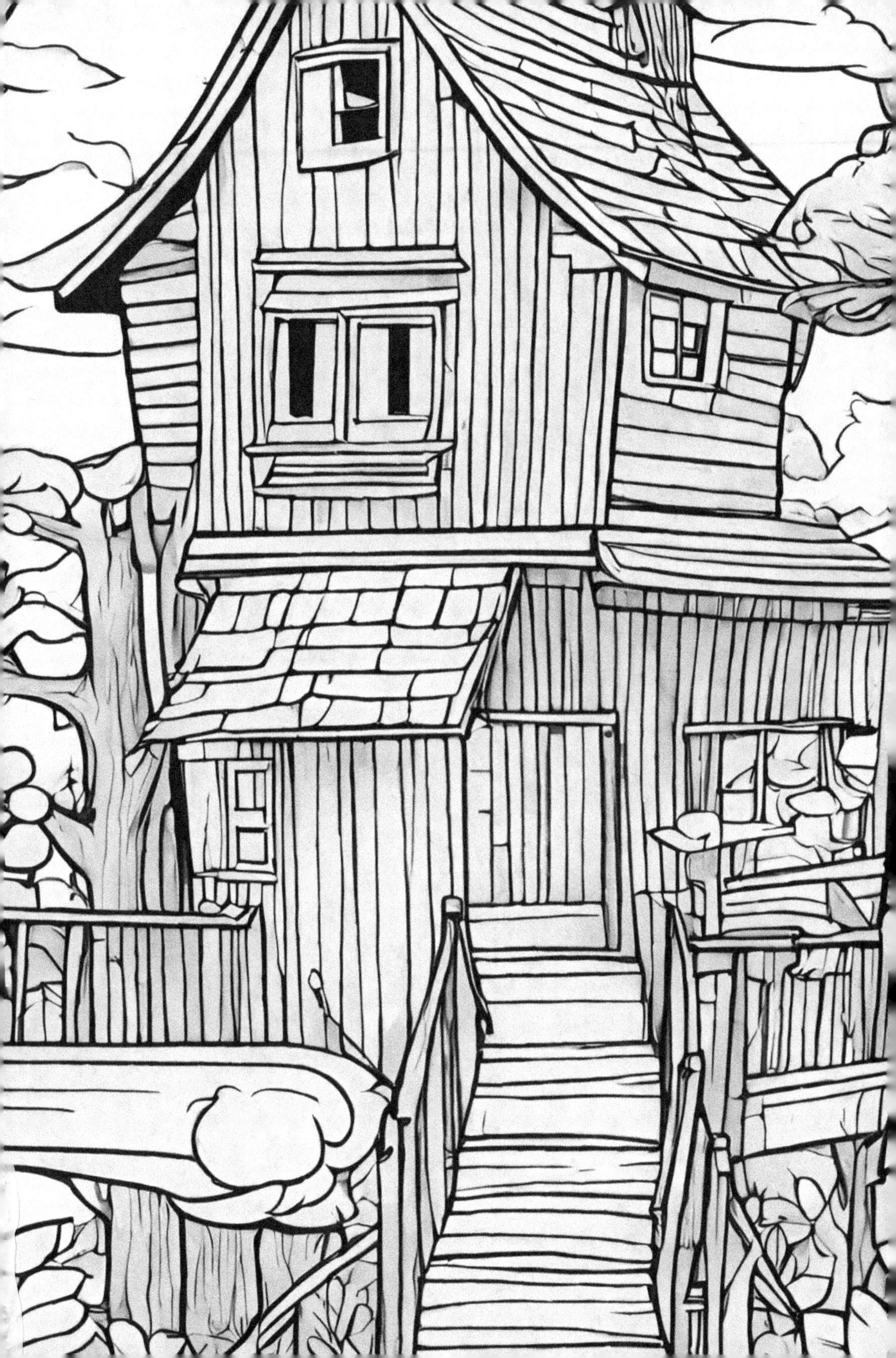